U0695711

黑龙江省教育学院科研基金资助项目

智慧教育最后一公里探索丛书

丛书主编：金春兰　刘文胜

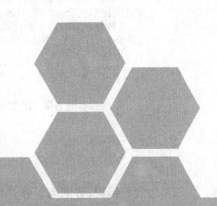

时代、技术、创新

SHIDAI JISHU CHUANGXIN

主　编◎石存生

副主编◎刘　莹　张　琳

黑龙江人民出版社

图书在版编目(CIP)数据

时代、技术、创新 / 石存生主编. — 哈尔滨：黑
龙江人民出版社，2018.7(2021.3重印)
(智慧教育最后一公里探索丛书)
ISBN 978 - 7 - 207 - 11431 - 0

Ⅰ. ①时… Ⅱ. ①石… Ⅲ. ①教育工作—信息化—研
究—中国 Ⅳ. ①G52

中国版本图书馆 CIP 数据核字(2018)第 174490 号

责任编辑：孙国志　张广博
封面设计：鲲　鹏
责任校对：秋云平

时代、技术、创新

主　编　石存生
副主编　刘　莹　张　琳

出版发行　黑龙江人民出版社
地　　址　哈尔滨市南岗区宣庆小区 1 号楼
邮　　编　150008
网　　址　www. longpress. com
电子邮箱　hljrmcbs@ yeah. net
印　　刷　三河市华东印刷有限公司
开　　本　787×1092　1/16
印　　张　12.75
字　　数　220 千字
版　　次　2018 年 8 月第 1 版　2021 年 3 月第 2 次印刷
书　　号　ISBN 978 - 7 - 207 - 11431 - 0
定　　价　32.00 元
版权所有　侵权必究　　　　　举报电话：(0451) 82308054
法律顾问：北京市大成律师事务所哈尔滨分所律师赵学利、赵景波

前　　言

　　"互联网＋"是信息时代、知识社会创新时代下互联网发展新业态,是知识社会创新2.0推动下的互联网形态演进及催生的经济社会发展新形态。党的十九大报告指出,中国迈入了新时代,新时代意味着我们将迎来从站起来、富起来到强起来的伟大历史飞跃,到2035年中国要基本实现社会主义现代化。国家现代化,教育要先行,互联网、5G技术、虚拟现实技术、大数据、人工智能等技术不断增加了教育的主体和时空纬度,产教融合、科教融合、家庭、社区、专业化服务机构等也在推进教育的多主体化,从而改变了过去单一的教育行政部门主办教育的状况。这样一个多时空、多维度、更复杂的教育系统,更加考验教育治理和教育发展的智慧。

　　教育信息化是信息时代教育发展与创新的重要方式,是促进教育公平、提升教育质量的有效途径。本书着力于"互联网＋"时代下新技术新媒体给教育带来的变革。从全球的新技术发展、我国的教育信息化政策、教育新技术的探索、新技术新媒体下的教育变革、新技术视阈下的教育未来等方面全面展示当今社会新技术对教育的冲击,为深入探讨我国教育信息化的新趋势、新发展的研究提供借鉴。本书从连接技术、情境感知技术、数据治理技术等技术手段着手研究新技术在教育中的尝试;从新颖的教育模式介绍到形式多样的案例展示,再到新时代教师专业发展途径的研究,全面体现新技术下教育的变革;以新技术新媒体为基础展望未来的教育发展。本书内容体系完整,是一本深入了解教育信息化应用及发展趋势的指导书籍,可供教育信息化管理者、研究者和中小学一线教师参考。希望本书的出版能够促进我省教育信息化的发展。

　　本书由石存生统稿,其中第一章和第三章部分内容由刘莹编写,第二章由张琳编写,第三章和第四章由石存生编写。此书系黑龙江省教育学院重点课题

时代、技术、创新

"教育扶贫政策指引下的信息化教育资源共享模式的研究"的研究成果之一,课题编号为 HJZ135 –012。由于编写人员的水平限制,在编写过程中难免有失当之处,欢迎广大读者批评、指正。在此,谨向所有为本书编写提供资料、案例以及出版工作付出辛勤努力的同志们,表示由衷的感谢!

编者

2018 年 7 月

目 录

第一章　"互联网+"时代

　　"互联网+"是信息时代、知识社会创新时代下互联网发展新业态,是知识社会创新2.0推动下的互联网形态演进及催生的经济社会发展新形态。"互联网+"即为"互联网+传统行业",但这并不意味着是两者的简单叠加,而是指通过现代化信息技术手段和互联网平台使互联网与传统行业进行深入融合和发展创新。"互联网+"是互联网行业发展的延伸,是互联网思维转化的进一步成果,它代表了一种先进的生产力和经济形态,如今,"互联网+"已深刻改变了多个传统行业的运行模式,悄然影响着人们生活中的衣食住行、思维方式,更渗透到教育发展的方方面面。

第一节　"互联网+"时代的发展巨变

　　通常意义上来说,"互联网+"的深入推进最终可以实现"万物互联",使社会中所有的人、事、物都能够被互联网连接起来,将互联网带来的发展创新成果融入经济生活中的各个方面,提升传统行业的创新力,增强实体经济的生产力,形成更广泛的经济社会发展新形态。因而,"互联网+"对时代发展产生的巨大影响不可估量。

一、什么是"互联网＋"

1."互联网＋"的由来

2012 年 11 月，中国易观国际集团创始人、董事长兼 CEO 于扬在第五届移动互联网博览会上，首次提出"互联网＋"这一概念。于扬认为："在未来，'互联网＋'公式应该是我们所在的行业目前的产品和服务与我们未来看到的多屏全网跨平台用户场景结合之后产生的这样一种化学公式。我们可以按照这样一个思路找到若干这样的想法，而怎么找到你所在行业的'互联网＋'，则是企业需要思考的问题。"

2014 年 11 月，李克强总理出席首届世界互联网大会时提出："互联网是大众创业、万众创新的新工具"。

2015 年 3 月，全国人大代表马化腾在全国两会上提交了以"关于以'互联网＋'为驱动，推进我国经济社会创新发展的建议"为题的大会议案，代表信息技术产业相关人士阐明"互联网＋"与经济社会创新发展的重要关系。随之，李克强总理在《2015 年国务院政府工作报告》中首次郑重提出了"互联网＋"行动计划。李克强总理在政府工作报告中指出："制定'互联网＋'行动计划，推动移动互联网、云计算、大数据、物联网等与现代制造业结合，促进电子商务、工业互联网和互联网金融健康发展，引导互联网企业拓展国际市场。"从此，"互联网＋"开始成为新兴热词，并在中国全面普及。

2015 年 4 月，李克强总理在福建考察时指出，"互联网＋"未知远大于已知，未来空间无限；每一点探索积水成渊，势必深刻影响并重塑传统产业行业格局。

2015 年 7 月，经李克强总理签批，国务院出台《关于积极推进"互联网＋"行动的指导意见》，充分确认了 2015—2018 年以及 2015—2025 年的发展目标，提出包括创业创新、电子商务、益民服务、普惠金融等 11 项重点行动，以及夯实发展基础、强化创新驱动等 7 个方面的保障措施。

2015 年 12 月，在浙江乌镇举办的第二届世界互联网大会上，习近平总书记出席大会并做重要讲话。他在讲话中指出："中共十八届五中全会提出了创新、协调、绿色、开放、共享的发展理念。'十三五'时期，中国将大力实施网络强国战略、国家大数据战略、'互联网＋'行动计划，发展积极向上的网络文化，拓展网络经济空间，促进互联网和经济社会融合发展。我们的目标，就是要让互联网发展成果惠及 13 亿多中国人民，更好造福各国人民。"在大会论坛上，由中国互联网发展基金会联合腾讯公司、百度公司、阿里巴巴集团发起倡议,成立了"中国互联网+联盟"。该联盟以平等互利、优势互补、融合创新、开放共赢为理念;以助推国家"互联网+"行动为目标,通过系列举措,共同开拓国际市场,加强海外合作,增强中国在全球市场的影响力和竞争力。

2. "互联网+"的内涵

"互联网+"作为国家新的发展战略,核心是发挥互联网在生产要素、市场经济配置中的优化和集成的作用,将互联网带来的一系列创新成果融合于经济社会的各个领域、各个方位之中,从而增强传统经济的创新力和生产力。关于内涵的释义,大致有以下几个版本:

官方版:"互联网+"是把互联网的创新成果与经济社会各领域深度融合,推动技术进步、效率提升和组织变革,提升实体经济创新力和生产力,形成更广泛的以互联网为基础设施和创新要素的经济社会发展形态。

马化腾版:"互联网+"是以互联网平台为基础,利用信息通信技术与各行业的跨界融合,推动产业转型升级,并不断创造出新产品、新业务与新模式,构建连接一切的新生态。

阿里版:所谓"互联网+"就是指,以互联网为主的一整套信息技术(包括移动互联网、云计算、大数据技术等)在经济、社会生活各部门的扩散应用过程。

李彦宏版:"互联网+"计划,我的理解是互联网和其他传统产业结合的模式。随着中国互联网网民人数的增加和移动互联网的兴起,互联网在其他产业当中能够产生越来越大的影响力。尤其是O2O(线上到线下)领域,互联网和很多产业一旦结合的话,就变成了一个化腐朽为神奇的东西。

雷军版:李克强总理在报告中提到的"互联网+",意思就是怎么用互联网的技术手段和互联网的思维与实体经济相结合,促进实体经济转型、增值、

提效。

　　分析各种版本,从中我们可以看出"互联网 +"的内涵具有共性,但同时也具有微小的差别。不管措辞如何,其实都是在阐述关于"互联网 +"的内涵本质。综合以上观点,本书认为:"互联网 +"是在新时代、新背景下互联网的发展新形态,即充分发挥互联网在经济发展、社会生活、生产要素配置中的优化和继承作用,将其创新成果充分融合于社会经济生活中的各个方面,从而形成更为广泛的以互联网为基础的经济发展新形态。

　　3."互联网 +"的特征

　　深入探索和全面理解"互联网 +",既要充分了解和把握它的本质,又必须从现今的时代维度去考察、解析和研究"互联网 +"与时代如何相互关联、匹配和相契。在了解"互联网 +"的本质和行动计划上,充分了解"互联网 +"的六个方面的核心特征。

　　(1)跨界融合。"互联网 +"最本质的特征,用最简单的语言来表述,应该就是:"跨界融合、连接一切"。何为" +",本书认为:所谓" +",其实就是"变革、开放、深度融合"。经济社会的各个方面,敢于真正跨界、创新的基础才能够更加坚实。融合协同后,群体智能才能真正实现,从研发到产业化的路径才会更加垂直。将互联网与一切传统产业相融合,对于时代来说,是造福、是进步。

　　(2)创新驱动。"十九大"报告指出:"我国经济已由高速增长阶段转向高质量发展阶段,我国正处在转变发展方式、优化经济结构、转换增长动力的攻关期,建设现代化经济体系是跨越关口的迫切要求和我国今后发展的战略目标。"当今中国正处于极速发展、动态变化的特殊时期。在改革开放的前 30 年,我国是处于一个以资源驱动为主、客户驱动为辅、创新驱动不足的阶段。为适应当前发展,最重要的是必须转变到创新驱动发展这条道路上来,真正打破垄断格局与条框的自我限定,破除束缚生产力发展的制约因素,建立可跨界、可融合的环境和条件。

　　(3)重塑结构。在互联网时代,重塑结构已经开始。随着"互联网 +传统行业"的不断发展,全球化、信息革命、互联网行业已打破原来的经济结构、关系结构、社会结构、文化结构等一系列原有的结构,各种要素,诸如权力、话语权、规则等都会随之改变。"互联网 +"改变了传统的关系结构,使原有的固定身份不再固定,诸如股东、用户、服务者、伙伴等身份在一定条件下可以自由切换。"互联网 +"使社会结构有着不确定性,社群、分享大行其道。"互联网 +"使人与人之间的交往和沟通方式更加便捷和迅速,使更多的需求得以实现。

（4）尊重人性。所谓人性，即人类所具备的基本精神属性。《孟子·告子上》曰："人性之无分于善不善也，犹水之无分于东西也。"说明人性即为人类的一切本性，包括对于生活的追求、对于爱的渴求、对新鲜的好奇、对生命的重视等等。人性的光辉能够推动社会进步、经济增长、文化繁荣、科技进步，尊重人性是"互联网＋"最根本的内在文化。在不忘初心、基于人性的基础上发展的"互联网＋"行业要基于人性思考、开发、设计及创新，满足人性需求也成为"互联网＋"行业最重要的特质。

（5）开放生态。对于"互联网＋"来讲，生态是非常重要的，"互联网＋"行动计划的核心即为生态计划，而生态本身就是开放的。"风起于青萍之末，止于草莽之间"。好的生态可以激活创造性，带来社会价值的创新；坏的环境、欠缺的生态可以阻碍创新，将创新扼杀于襁褓之中。在深入推进"互联网＋"的进程中，最重要的方向就是要清除制约创新的阻碍，将一个又一个孤立的创新连接，让人有机会实现自我价值。

（6）连接一切。"互联网＋"的最终落脚点就是建设一个连接一切的生态链。无论是跨界、融合还是创新，都需要连接。没有连接，就不存在"互联网＋"。连接一切，即为"互联网＋"的首要目标。连接的层次可以概括为三层，即connection（连接）、interaction（交互）、relationship（关系）。三个层次的连接方式、内容与质量都不相同，connection（连接）很容易实现，是连接一切的基础；interaction（交互）很关键，承上启下，通过交互，可以实现分流、导流，建立互信；relationship（关系）是连接的最终目的，是商业的阶段性目标，是社会价值创新的基础。

二、"互联网 + "时代的辐射

从 1946 年第一台电子计算机在美国问世,到 1989 年互联网诞生;从 1994 年中国实现与国际互联网的第一条 TCP/IP 全功能链接,成为互联网大家庭中一员,到 2015 年"互联网 + "提出,中国互联网行业经历了一个从接受、普及到迅猛发展的历史阶段。在首届世界互联网大会上,习近平总书记指出:"当今时代,以信息技术为核心的新一轮科技革命正在孕育兴起,互联网日益成为创新驱动发展的先导力量,深刻改变着人们的生产生活,有力推动着社会发展。互联网真正让世界变成了地球村,让国际社会越来越成为你中有我、我中有你的命运共同体。"而今,随着"互联网 + "与各传统行业融合的日益深入,网络也为社会带来了翻天覆地的变化,深刻地改变了人们的日常生活,辐射着三大产业的方方面面。

1. 互联网 + 农业

"互联网 + 农业"是将互联网的先进技术融入于传统农业的生产、加工、输出、经营和服务的过程,从而使农业生产效率、效益和产品质量得到高速提升,真正实现"智慧农业"。国务院《关于积极推进"互联网 + "行动的指导意见》中这样阐释道:"利用互联网提升农业生产、经营、管理和服务水平,培育一批网络化、智能化、精细化的现代'种养加'生态农业新模式,形成示范带动效应,加快完善新型农业生产经营体系,培育多样化农业互联网管理服务模式,逐步建立农副产品、农资质量安全追溯体系,促进农业现代化水平明显提升。"在这一目标的指引下,近年来,农业的发展呈现出崭新面貌,新型"互联网 + 农业"格局已逐步形成,进入农业经济增长的快速时期。

(1)信息获取及时化。传统农业模式下,农民很难获取消费者对农产品的要求和反馈,消费者对农产品的来源、安全性等信息也获取不足。互联网的出现,使大部分农业生产者改变了原来由于地处偏远造成的信息获取不及时的局面,通过网络及时获取各种相关政策、信息、技术、市场、防骗防伪劣产品等信息。消费者通过网络更加了解农产品的属性,可以放心消费。

(2)农业生产智能化。互联网利用云计算、大数据、物联网等新技术对传统农业进行升级改造,提升农业生产的智能化程度。通过互联网技术操控,农作物生长环境、生产制作过程都达到了有效、可控,节省了人力成本,食品安全也得到提升。例如在某些规模化农业企业中,精准农业已经得到应用。在畜禽养殖、中药材种植种苗培育产业中,实施物联网项目后,基本可以实现环境的精准监测、工厂化育苗和水肥一体化,节本增效效果明显。据不完全统计,一年每亩地劳动力投入减少10个工作日,生产者劳动强度可降低20%左右,年均节约人工费用20%及以上,年均节水、节肥、节药10%及以上。

（3）营销模式现代化。互联网的广泛普及改变了传统的农业营销模式,通过互联网分析市场行情,以销定产;利用网络平台进行销售,消费者足不出户就可以了解并买到农产品,既扩大消费市场,也解决了农产品销路难的问题。例如"三只松鼠""北大荒冷鲜肉""褚橙"等品牌,通过网络营销,迅速解决了传统农业几年才能解决的宣传推广、口碑累积的过程,并取得广泛的知名度。

2. 互联网＋工业

所谓"互联网＋工业"即是传统工业利用互联网、大数据、物联网、云计算等,优化研发、设计、生产、销售、服务等各环节,从而促进制造业加速发展,真正实现"智能制造"。2017年11月,国务院下发《关于深化"互联网＋先进制造业"发展工业互联网的指导意见》,《意见》指出:"要深入贯彻落实党的十九大精神,以全面支撑制造强国和网络强国建设为目标,围绕推动互联网和实体经济深度融合,聚焦发展智能、绿色的先进制造业,构建网络、平台、安全三大功能体系,增强工业互联网产业供给能力,持续提升我国工业互联网发展水平,深入推进'互联网＋',形成实体经济与网络相互促进、同步提升的良好格局,有力推动现代化经济体系建设。"经过多年发展,互联网已成为信息经济社会重要的基础设施,其在工业领域的不断渗透和深化,催生了工业云、服务型制造、个性化定制等更为深入的"互联网＋工业"的新业态,加速促进航天制造、汽车、家电、纺织工业等传统工业向网络化、智能化、便捷化转型,中国由制造大国逐渐迈向制造强国。"互联网＋工业"的融合发展为中国制造业带来了无限商机,也带来了许多划时代意义的转变。

（1）推动制造业信息化、服务化、全球化。随着互联网与工业逐渐深度融合，许多企业利用微信、微博等社交平台与用户充分互动，利用大数据等进行精准营销和个性化服务。例如苏宁集团，他们积极打造"云信"等社交应用软件，利用该社交软件满足了食品以及整个消费品行业用户的社交和购物需求。

（2）实现制造业的个性化定制。许多企业利用互联网平台，依靠柔性化生产组织和技术，将消费者的个性化需求融入产品的制造过程中，实现了从奢侈品到普通商品的个性定制。例如尚品宅配，该品牌创新性地提出了数码定制全屋家具概念，通过采集、整理、汇总用户数据，在"云中心"进行大数据分析，由三千多位设计师通过互联网为不同的用户进行家具设计，从而实现了大规模的全屋家具的私人化、个性化定制。

（3）创造多元融合的"互联网＋制造业"生态体系。随着"互联网＋"工业的深度融合，多种技术多种业态融合的生态服务系统已逐渐建立起来。例如：普天新能源，他们开拓性地建设了覆盖全国的新能源汽车充电网络，覆盖了上海、广州、深圳、合肥等多个城市，服务了 3141 辆新能源汽车，充电次数将近 60 万次，累计充电时长 63 万小时。与此同时，普天新能源还搭建了"车网一体"的智能管理平台，真正构建了更为人性化、服务化的新能源汽车服务体系。

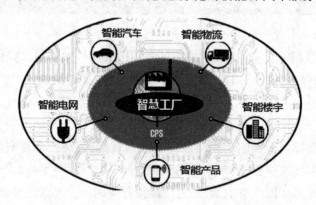

3. 互联网＋服务业

进入 21 世纪以来，我国不仅仅逐渐从"制造大国"向"制造强国"转变，也正努力从"服务大国"向"服务强国"转变。据统计，2015 年第一季度，第三产业增加值占本季度国内生产总值的 51.6%，比第二产业高出 8.7 个百分点，互联网与传统服务业的深度融合，推动了中国经济的飞速发展，互联网与金融、交通、医疗、文化、旅游、教育的深度融合也给人们生活带来了翻天覆地的改变。

（1）互联网＋金融

2014 年,李克强总理在十二届全国人大二次会议上首次提出"互联网金融"的概念,并在 2015 年政府工作报告中对互联网金融的发展大为褒奖,认为"互联网金融异军突起"。近年来,从网上银行、支付宝、余额宝到微信红包,互联网金融已经日渐深入人们生活的每一个细节中去。

支付是金融的基础环节,而第三方支付则是互联网金融的先锋队和基石,它于 2000 年左右在中国开始出现。十几年来,电子商务在中国迅猛发展,有力地推动了支付宝、易宝支付、财付通等第三方支付大军的崛起。企业和网民通过第三方支付能够足不出户实现信贷、转账、缴费等以前需要去金融机构才能完成的交易,使人们在节省时间、人力、物力的同时,得到更为个性化、针对性需求的服务。2017 年,网上支付进入全面爆发期,中国迈向"无现金社会"。

中国大约有 7000 万家企业,其中中小微企业约占全国企业总数量的 94.8%,是中国经济中最有活力的实体。但传统金融对它们的服务远远不够,据央行数据统计,截至 2014 年年底,中小微企业贷款余额占企业贷款余额的比例为30.4%,维持在较低水平。另外,对 7.76 亿(2016 年底统计数据)中国就业人口来说,传统金融很难惠及广大人群。而互联网金融能很好地服务于中小微企业和普罗大众。低门槛和快速便捷性让资金能够迅速流动,大数据使征信更加容易,P2P 和小额贷款发展也越加火热。这也将有助于小微企业、普通市民大众获得金融服务。数据显示,2017 年 11 月互联网 P2P 贷款余额达人民币 1.2 万亿元(约合 1 818 亿美元),为 3 年前的 13.4 倍。"互联网＋金融"已掀起全民理财热潮,传统金融向互联网转型,金融服务普惠民生已成为大势所趋。

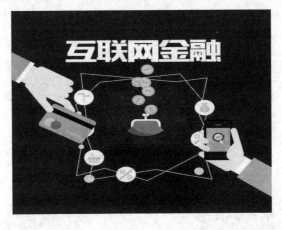

（2）互联网＋交通

"互联网＋交通"，简单来说就是利用先进的互联网技术，探索更具智慧性的、便捷的、现代化的城市交通建设。通过智能交通大数据技术的应用，将"先知"逐渐变成现实，逐步建立起车、路、人之间的网络，通过信息整合，从而最终为人提供服务，使得交通更加智能、精细和人性。互联网与交通的深度融合形成"线上资源合理分配、线下高效优质运行"的新格局，满足了更便捷出行、更人性服务和更科学决策的需求，加快推进交通运输由传统产业向现代服务业转型升级。

早在2011年，"互联网＋交通"已初见端倪。铁路系统实行了12306网络订购火车票，人们出行不必去售票窗口排队买票，通过网上订票可以轻松自如实现线上订票—线下取票—乘车。而民航系统很早就实现了网络订票，通过大数据分析和手机APP可实现手机购票值机、查看航班动态等功能。此外，人们平日出行也越来越离不开导航系统、打车软件。通过便捷的导航系统能够更为准确地把握实时道路交通态势，提醒你前方路段是否拥堵。智慧停车场能够提前预知有多少空车位可以停车，引导车主在地下停车场找到爱车。实时公交应用系统，可以方便出行用户对于公交汽车的到站情况进行实时查询，减少延误和久等。如今，网络约车已日渐成为人们出行的重要交通方式，滴滴、神州、首汽、易到等网约车推动了汽车资源的共享，为用户出行带来了便捷，掀起了新时代交通出行领域的新浪潮。截至2017年6月，我国网约快车和专车用户数量已达到2.17亿，比2016年增加了4934万人；网约出租车用户达到2.78亿，比2016年增加了5329万人。共享单车用户快速增长，截至2017年7月，我国共享单车累计投放1600万辆，日订单5 000万单。通过"互联网＋交通"的融合发展，智能交通大数据的应用已逐步实现我国城市绿色交通系统建设的跨越式发展。

（3）互联网＋医疗

"互联网＋医疗"即以互联网平台为载体和技术手段,通过互联网开展健康知识普及、医疗信息查询、疾病在线咨询、电子处方、远程会诊、治疗和康复等多种形式的医疗方式。2016年6月,李克强总理在国务院常务会议上明确指出要大力发展和规范健康医疗大数据应用的措施,通过"互联网＋医疗"更好满足群众需求。2017年12月,习近平总书记在主持中共中央政治局第二次集体学习时强调要深入推进"互联网＋医疗",不断提升公共服务均等化、普惠化、便捷化水平,弥补医药卫生领域大数据的普及应用。

经过多年发展,中国已经出现了许多"互联网＋医疗"网络平台,例如以健康知识信息和健康教育为主的"39健康网";以医生专业能力评价和网络挂号为主的"好大夫在线";以即时疾病在线咨询为主的"医通无忧网";以远程云诊、全程陪诊为主的"就诊通网"等。由于中国人口众多,城市和农村医疗水平发展存在巨大差异,"互联网＋医疗"的长足发展使人们日益增长的健康医疗需求与医疗资源不均衡之间的矛盾得到了有效的解决。如今,网络预约挂号已逐渐普及,通过网络入口可以挂到所需的号源;通过在线咨询,可以即时诊断相应病情,省去了患者跑去医院的人力、时间、物力上的浪费;通过互联网、大数据,改变了健康产品的营销模式,人们可以通过网络购买医疗产品。随着互联网个人健康的实时管理的兴起,传统的医疗模式迎来了新的变革,以医院为中心的就诊模式或将演变为以医患实时问诊、互动为代表的新医疗社群模式。截至2016年,我国"互联网＋医疗健康"领域投资额近100亿元,较2014年增长近1倍。2017年12月,中信医疗与春雨医生正式达成战略合作关系,同时整合二者优势资源,在中信医疗的下属医院搭建了"互联网诊疗"平台,探索"互联网＋医养＋医药＋医保"运营模式、人工智能及大数据等领域建立三方合作关系。随

着进一步发展,双方还将探索为患者提供个性化的医疗服务,对用户生活方式进行有效干预和开展健康管理等。

(4)互联网+文化

2017年,习近平总书记在中央政治局第二次集体学习中强调,要用大数据促进保障和改善民生,要推进"互联网+文化艺术",提升公共服务均等化、便捷化、普惠化水平。"互联网+文化产业"即是互联网平台上的文化产业,是以互联网作为平台或是在互联网平台上所发生的一切文化产业的交易。它是将互联网科技与文化产业进行深度融合,通过对科学、技术、文化、艺术等的全面集聚,以及对于政治、经济、社会的广泛辐射推动文化产业向更深、更广的领域快速发展。

目前,以互联网平台为依托的文化产业的市场价值占有中国文化产业的70%,"互联网+文化"的深入推进使得文化、传媒、通信等信息产业已融合成新的"信息服务业",推动了创意设计产品及其衍生品、广电新媒体、公共文化服务、文化演艺、数字出版、对外文化贸易、艺术品交易等领域的跨界融合,催生出互动新媒体、移动多媒体、数字出版等一批多元融合的新兴文化业态。

"互联网+文化"极大激发了大众的消费意愿,消除了各产业间的壁垒。"互联网+"的出现使网民不仅形成了在网上购物的习惯,也激发了人们自身在文化、艺术、知识、美学等方面的个性需求,产生了网络文化消费意愿。在互联网看小说、玩游戏、看电影、听音乐已成为现今社会文化生活的主要方式;微电影、微博、微信、微店等微市场的兴起,电子阅读、剧场影院网络售票的逐渐普及,动漫游戏、数字音乐、网络艺术品等数字文化内容的消费使"互联网+文化"正渗透到大众文化娱乐生活的每一方面,成为居民文化消费的重要途径。

(5)互联网+旅游

2015年,中国国家旅游局发布"515"战略,提出要"积极主动融入互联网时代,用信息技术武装中国旅游业"。2015年8月4日,国务院办公厅印发《关于进一步促进旅游投资和消费的若干意见》,要求要积极发展"互联网+旅游"。2015年9月18日,国家旅游局发布了《实施"旅游+互联网"行动计划的通知》,明确互联网将成为旅游业发展的重要载体。

在国家强有力政策的支持之下,"互联网+旅游"呈现迅猛发展之势,许多互联网旅游企业应运而生,出现了四类典型旅游互联网企业,一是OTA(在线旅行社)类,包括携程、途牛等;二是旅游内容营销类网站,包括蚂蜂窝、穷游等;三是旅游共享住宿类网站,包括途家、小猪等;四是旅游票务营销类网站,包括飞猪、美团等。传统旅游业在受到冲击的同时,也在谋求和互联网旅游企业的深度合作。在线旅游企业借助传统旅行社"落地生根",而传统旅行企业也在逐步树立互联网思维,加快产品创新、提升服务能力。2016年下半年,携程对旅游百事通、去哪儿度假进行了战略投资,并与去哪儿度假合并,自此,国内三大线上线下旅游企业在度假领域开始全面整合。2016年,同程旅游旗下的同程国旅也与万达旅业合并,充分实现传统旅游与旅游企业线上线下融合发展。

现如今,无论是从旅游者旅游体验,加之旅游企业的营销方式,以及政府机构的旅游管理,"互联网+"已然深入融合旅游的各个方面。在网上,可以轻松查到需要出行的机票车票、酒店等信息;可以预订酒店、网上付费、拎包入住;在网上,可以个体定制旅游计划,制定旅游路书,找到私人导游,也可以通过网上360°实景虚拟式体验旅行过程。互联网也为旅游企业提供了数据,企业通过网络,大大增加营销收入,促进企业新的增长点。通过数据分析也为旅游管理者决策提供依据,比如对游客动态实施监测,为景区管理决策、市场营销决策提供科学依据,通过互联网实施旅游管理的高效提升,便捷行使工作职能。

(6)互联网＋教育

"互联网＋教育"即是利用网络、多媒体和多种交互手段,有效实施教学活动的新型教育形式,它能改革传统教育模式的弊端,创新教学模式和教学方法,促进教育信息化快速发展,真正实现教育现代化。习近平总书记在十九大报告中指出:"要优先发展教育事业,办好网络教育,努力让每个孩子都能享有公平而有质量的教育。"在中央政治局第二次集体学习中,习近平总书记强调:"要坚持以人民为中心的发展思想,推进'互联网＋教育'。"

"互联网＋教育"时代随之而来,在新理念、新技术的冲击下,对学校教育、教师、学生乃至家长都产生了巨大影响。对教师来说,"翻转课堂""慕课""微课"的出现使教师逐渐引入多样化的教学模式,提高教学效果;教师通过网络进行在线教研,与世界各地同行交流研究成果,提升教学水平;教师能方便快捷地在网上获取教辅资料、布置作业、修改作业等,提高了工作效能。对学生来说,"互联网＋"时代下,学生不只局限于传统的线下学习,可以轻松在网上观看名师教学视频、参与讨论、提交作业,与异地教师和同学轻松交流;学生随身携带的电子产品能够使学习无处不在,随时看视频学习、讨论、做作业。对家长来说,随着各种电子学习产品走进生活,家长会更加关注孩子在家中学习问题;通过网络的家校沟通实现了学校与学生家长的密切沟通,家长也可以在第一时间了解孩子在校情况。

作为教育领域新生态的"互联网＋教育",它为传统教育带来了许许多多的新变化,带来了传统教育方式的深刻变革。一是使教育更加开放和包容。通过互联网,人们可以随时随地与世界各地不同种族的人进行学习的交流分享。二是使教育形式更加多样。在文字基础上的音频、视频以及具有拓展或变革学习潜力的

技术工具应运而生,使教育形式日益丰富。三是使教育更加公平和智能。无论身在何处,只要有互联网,就可以共享全球巨大的知识资源库;在线课程提供了人们进入模拟场景与教育大师互动的机会。四是使教育变得更加便捷灵活。互联网提供了一个移动的、可随身携带的课堂,使碎片化学习成为现实。五是使教育更加尊重个性。传统的教学手段是统一规划、集体学习,互联网通过在

学习过程中数据的储存与分析,为学习者提供个性化、定制化的学习方案,实现因材施教。

第二节 我国教育信息化的发展

现今社会,信息化已成为国家发展的重中之重,信息化水平和能力也已成为衡量国家和某个领域内核心竞争力和现代化程度的重要标志。随着信息化的飞速发展,教育信息化已成为我国经济和社会发展的重要战略之一,逐渐受到国家的大力重视,而教育信息化也逐渐成为提升国际竞争力的发展方向和重要路径。"互联网＋教育"的变革风暴,带来了技术的革新,更带来了对教与学的重新构建。"互联网＋"时代的到来,各种新理念、新技术的接连涌现对教育产生了深刻的影响,传统教育与信息技术深度融合也带来了人们对教育如何发展所产生的新思维和新模式。

一、何为教育信息化

1. 教育信息化的提出

"信息化"一词最早出现于20世纪60年代,在日本的一些学术文献中从产业角度对"信息化"进行了阐释和界定,强调信息技术改变了人类社会信息的获取、处理等活动,成为社会发展的重要推动力。20世纪70年代,德国、欧共体和联合国教科文组织等国家及国际组织先后出台了一系列推动信息技术在社会中应用和发展的规划,这些规划都把信息基础设施作为重要一环。

"教育信息化"一词伴随着信息技术的飞速发展逐渐在教育领域产生。1993年,美国政府提出建设"国家信息基础设施",即"信息高速公路"计划。其核心是发展以"国际互联网"为核心的综合化信息服务体系和推进信息技术在社会各领域的广泛应用,更首次提出"教育信息化",并表示要将信息技术应用到教育中去,作为实施教育改革的重要途径。在美国的带动之下,许多国家政府联动反应,相继制定本国教育信息化应用计划,如澳大利亚的"数字教育革命"、东盟的"ICT国家计划"、韩国的"让教育适应信息时代"等等,从而推动了全球信息化建设的浪潮。

我国的教育信息化起步于20世纪90年代末,国家教育和行政部门相继出台了一系列相关的政策法规。2000年10月,在北京召开的"全国中小学信息技术教育会议"决定,从2001年起,用五到十年左右的时间在全国中小学基本普

及信息技术教育,全面实施"校校通"工程,此次会议也被认为是我国教育信息化的动员誓师大会。2001 年 7 月,教育部《全国教育事业第十个五年计划》中正式把"教育信息化"列为全国教育事业"十五"计划的战略要点。自此,教育信息化被提升到了前所未有的高度并加以重视,得到飞速发展。

2. 教育信息化的内涵

随着教育信息化的不断发展和国家政府对其高度重视,我国一些知名专家学者围绕"教育信息化"开展了许多卓有成效的研究。然而,在教育信息化内涵的表述上仍未有统一并明确的定论,大致可分为以下两类:

一类是认为教育信息化是系统地实现教育现代化的过程或系统工程。南国农认为:"所谓教育信息化,是指在教育中普遍运用现代信息技术,开发教育资源,优化教育过程,以培养和提高学生的信息素养,促进教育现代化的过程。"黎加厚认为:"教育信息化是以现代信息技术为基础的新教育体系,包括教育观念、教育组织、教育内容、教育模式、教育技术、教育评价、教育环境等一系列的改革和变化。教育信息化并不简单地等同于计算机化或网络化,而是一个关系到整个教育改革和教育现代化的系统工程。"李克东提出:"教育信息化是指在教育与教学领域各个方面,在先进的教育思想指导下,积极应用信息技术,深入开发、广泛利用信息资源,培养适应信息社会要求的创新人才,加速实现教育现代化的系统工程。"

一类是认为教育信息化的最终目的是为了实现教育现代化。陈小鹰等人认为:"教育信息化就是指在教育与教学中,开发并应用信息技术和信息资源,建立信息社会需要的教育环境。"吕耀怀认为:"教育信息化主要是指在教育领域通过广泛运用信息技术,特别是利用互联网,在教学内容、教学方式、教学手段、教学组织形式等方面进行不同于传统教育的全面变革。"

虽然两类看法不尽相同,但大体上都是认为教育信息化应该强调教育信息化的过程和教育信息化的结果。因此,本书认为,无论是强调过程还是结果,教育信息化都不是一个静止的状态,而是一个渐进发展的过程,应当从发展的维度去判定其内涵。总之,教育信息化就是运用现代教育技术,以促进教学改革、教育现代化为目标,以培养创新型人才和实现学习型社会为核心,真正实现现代教育技术与教育深度融合的过程。

3. 教育信息化的构成要素

随着教育信息化的提出和发展,我国专家学者对教育信息化的构成要素开展了深入的研究和探索。杨晓宏认为:"教育信息化包含信息化资源、信息化网络、信息技术应用、信息技术产业、信息化人才以及信息化政策、法规和标准六个要素。其中，信息网络是基础，信息资源是核心，信息资源的利用与信息技术的应用是目的，而信息化人才、信息技术产业、信息化政策、法规和标准是保障。"张建伟认为："从环境与实施两个层面来说，教育信息化应包含执行层、动力层。其中，执行层包括教育实践、硬件基础设施、软件资源与服务、人力资源规划管理。教育信息化的动力层（制约层）包括思想观念、投资、体制、文化"。

两位学者对教育信息化构成要素的分析维度虽然不同，但二人都认为教育信息化构成要素应包含基础设施、信息化资源、信息技术的应用、政策的保障等。2012年3月，国家颁布的《教育信息化十年发展规划（2011—2020年）》对未来十年的中国教育信息化工作进行了设计和部署，强调了教育信息化的基本要素应包含基础设施、软件和人力资源、信息化管理、信息技术与教育的深度融合。站在国际视角对各国在教育信息化的规划方向和重点来看，英国、美国、澳大利亚、新加坡、韩国、日本等国家都在一定程度上强调了教育信息化应包含基础设施、软件资源、人力资源、教与学的变革、信息化管理及教育信息化评价等基本要素。

归纳以上，本书认为，教育信息化的构成要素包括教育政策、基础设施、信息化资源、师生能力、信息化管理、教与学的变革、教育信息化评价等七个方面。其中，教育政策、基础设施和信息化资源是保障教育信息化顺利开展的基础；师生能力尤其是信息技术方面的能力能否达到教学需求是教育信息化顺利开展的重要组成部分；信息化管理则是要转变传统的教育管理和组织方式，将现代信息技术与教育管理进行深度融合，提高教育管理效率和效益；教与学的变革是要融合新技术，对教学方式和手段进行变革，是教育信息化的一个重要环节；教育信息化评价则能对教育信息化的发展提供反馈和意见，促进信息化的进一步发展。

二、我国教育信息化的发展历程

2005年，联合国教科文组织将教育信息化的发展过程划分为四个阶段，即起步阶段、应用阶段、融合阶段、创新阶段。中国教育信息化的发展经历了从"校校通"到"班班通"；从资源网到云平台；从电化教育到远程教育工程等等。现如今，"智慧校园""微课""慕课""翻转课堂"等正逐渐进入新的教育应用之中。

1. 起步阶段

1978年4月，结束"文革"后的首次"全国教育工作会议"在北京召开，会上

邓小平同志提出:"要制订加速发展电视、广播等现代化教育手段的措施,这是多快好省发展教育事业的重要途径,必须引起充分的重视。"

1978年8月,中央电教馆宣告成立,主要负责领导全国电化教育工作。自此以后,广播、电影、电视、录音、幻灯等电化教育手段在教育教学工作中广泛运用,开启了中国教育信息化发展的序幕。

1989年10月,我国正式颁布了《国家教育管理信息系统总体规划纲要》,正式建立以计算机为主要手段,利用现代信息技术和科学管理办法,对教育信息和与教育密切相关的社会、经济信息进行收集、处理、分析和传播的"国家教育管理信息系统"。国家教育管理信息系统由完善的组织体系与训练有素的人员,先进的计算机软件硬件及通信等技术手段,全面反映国内教育状况、教育发展历史、国外教育发展状况的数据和法规,科学的教育计划、规划、决策模型和方法,严格的标准、规范和管理规程等五个部分组成。中国教育管理信息化的应用由此开始。

1994年,"中国教育和科研计算机网CERNET"的着手建设和投入使用,成为我国开展现代远程教育的重要平台。平台不仅加强了我国信息基础建设,同时也缩小了中国与其他先进国家在信息领域间的差距,为我国教育信息网络建设起到了积极的示范作用。

2000年11月,教育部发布了《关于在中小学实施"校校通"工程的通知》。通知指出要用5到10年时间,使全国90%左右的独立建制的中小学校能够上网,能够使中小学师生共享网上教育资源,提高中小学教育教学质量。随后,教育部成立了"全国中小学信息技术教育领导小组",全国各个省份也相继成立了"中小学信息技术教育领导小组",形成从中央到地方一系列专门机构负责指导实施"校校通"工程。从2000年11月到2009年底,中小学校园网的数量从3000个左右发展到了接近60000个,在数量上增加了近20倍。校园网的增加,带宽和速率的提高使我国城镇中小学普遍具有了一定条件下的信息化教学环境。

2001年,教育政务"三网一库"的建设标志着教育政务信息化建设工作的开端。

2. 应用阶段

2003年12月,国家颁布《农村中小学现代远程教育工程试点工作方案》,投入上百亿元的资金建设"农村中小学现代远程教育工程",开始了我国农村教育信息化的进程。截至2008年底,为中西部地区30多万所中小学配置了教学光盘播放点、卫星教学收视点、计算机教室等三种模式的设施65万套。在"农村中小学现代远程教育工程"的普遍推进下,我国基础教育信息化呈现出显著变化:中小学信息技术教育在全国范围内普及;中小学信息化基础设施与信息化教学资源建设获得突破性进展;中小学教师信息化教学能力得到一定程度的提高;优质教育资源在全国范围内得到共享。一系列的变化有力促进了我国基础教育的均衡发展,使农村和经济欠发达地区的教育教学质量得到了显著的提升。

2004年2月,教育部颁布《2003—2007年教育振兴行动计划》,《计划》提出:"要实施教育信息化建设工程,要加快教育信息化基础设施、教育信息资源建设和人才培养。要加强高等学校校园网建设,创建国家级教育信息化应用支撑平台。要加大涵盖各级各类教育的信息资源开发,形成多层次、多功能、交互式的国家教育资源服务体系。要全面提高现代信息技术在教育系统的应用水平。加强信息技术教育,普及信息技术在各级各类学校教学过程中的应用,为全面提高教学和科研水平提供技术支持。建立网络学习与其他学习形式相互沟通的体制,推动高等学校数字化校园建设,推动网络学院的发展。开展高等学校科研基地的信息化建设,研究开发学校数字化实验与虚拟实验系统,创建网上共享实验环境,建立高等学校在校生管理信息网络服务体系。"《计划》主要通过教育信息化和精品课程建设着力提升教育教学质量,强调在关注"教学应用"的同时注重教育信息化的应用,以促进教学质量的提升。

3.全面融合及创新阶段

2010年3月,国务院颁布《国家中长期教育改革和发展规划纲要(2010—2020年)》。《纲要》提出"加快教育信息化进程"的工作任务,并提出3项具体实施内容,分别为"加快教育信息基础设施建设""加强优质教育资源开发与应用"和"构建国家教育管理信息系统"。计划用十年时间建成能够全面覆盖城乡各级各类学校的数字化教育服务体系,构建先进、高效、实用的数字化教育基础设施,推进数字化校园建设以及加快全民信息技术普及和应用等。自此,我国教育信息化建设快速发展,翻转课堂、慕课、微课等新型教育模式融合云计算、虚拟现实、大数据、游戏化学习等新兴技术使我国教育信息化进入全面融合和创新发展阶段。

该《纲要》进一步指出:"教育信息化充分发挥现代信息技术优势,注重信息技术与教育的全面深度融合,在促进教育公平和实现优质教育资源广泛共享、提高教育质量和建设学习型社会、推动教育理念变革和培养具有国际竞争力的

 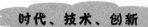

创新人才等方面具有独特的重要作用,是实现我国教育现代化宏伟目标不可或缺的动力与支撑。到 2020 年基本建成人人可享有优质教育资源的信息化学习环境、基本形成学习型社会的信息化支撑服务体系、基本实现宽带网络的全面覆盖、教育管理信息化水平显著提高、信息技术与教育融合发展的水平显著提升。”

2012 年 9 月,国务院召开全国教育信息化工作电视电话会议。刘延东同志在会上强调要以建设好“三通两平台”为抓手,建设“教育资源公共服务平台”和“教育管理公共服务平台”,提出教育信息化建设的重点工作,包括明确教育信息化的发展导向、推动宽带网络校校通、推动优质资源班班通、推动网络学习空间人人通、建设教育资源和管理两大公共服务平台、加强队伍建设等六个方面。会议的召开标志着以“三通两平台”为标志的教育信息化建设工程在全国普遍实施。

2013 年 11 月,教育部下发《关于实施全国中小学教师信息技术应用能力提升工程的意见》。明确指出“教师队伍建设是教育信息化可持续发展的基本保障,信息技术应用能力是信息化社会教师必备专业能力。”通过“教师新一轮提升培训,提升教师信息技术应用能力、学科教学能力和专业自主发展能力;开展信息技术应用能力测评,以评促学,激发教师持续学习动力;建立教师主动应用机制,推动每个教师在课堂教学和日常工作中有效应用信息技术,促进信息技术与教育教学融合取得新突破。”从 2013 年至 2017 年,教师信息技术应用能力提升,成为教师继续教育的重要内容。

2014 年 7 月,教育部首次下发《开展 2014 年度“一师一优课、一课一名师”活动的通知》,在全国范围内开展教师利用信息技术和优质教学资源进行“网上晒课”,评选出优秀课例,以促进优质教育资源的开发与共享,推动信息技术和数字教育资源在中小学课堂教学中的合理有效应用和深度融合。自此,“一师一优课、一课一名师”活动以每年一次的频率持续开展,直到 2017 年。“一师一优课、一课一名师”活动为教师信息技术应用能力的提升开拓了空间,为教育信息资源的示范性、实用性、生成性开辟了新的途径。

2015 年 3 月,李克强总理在政府工作报告中首次提出“互联网＋”行动计划。并提出制定“互联网＋”行动计划,推动移动互联网、云计算、大数据、物联网等与现代制造业结合。在回答记者提问环节还曾说道:“站在‘互联网＋’的风口上顺势而为,会使中国经济飞起来”。“互联网＋”行动计划为教育信息化的进程开辟了新的思路和空间。

　　综上所述,中国教育信息化的发展走过了既循序渐进,又飞速发展的历程。从教育信息化的构成要素方面来看,教育管理上经历了从纸质手写记录到无纸化电子信息系统的管理;教学手段方式上经历了从幻灯机、电视机到计算机、投影仪、电子白板;信息化建设上经历了从校校通到班班通;教育教学评价上经历了从手工阅卷到网络阅卷、从手工成绩计算到云计算质量分析;教师教学方式上经历了从纸质教参备课讲课到网上资料搜集、课件视频演示备课讲课;学生学习方式上经历了从单一接受式学习到运用信息化手段学习。现代信息技术与教育的深度融合和创新式发展不仅为教育教学方式带来了变革,更有力促进了教师和学生素养的提升。

三、我国教育信息化的发展现状

　　经过多年发展,我国的教育信息化发展呈现出良好态势,在基础设施建设、教育资源的开发与应用、教育管理信息化水平、信息化人才建设等方面取得突破性进展。

　　1. 基础设施建设初具规模

　　随着国家对教育信息化基础设施建设的高度重视和大力投入,我国教育信息化基础设施建设水平稳步提高,基础设施建设已初具规模,信息化环境基本形成。以电信运营商网络、中国教育卫星宽带传输网以及中国教育科研计算机网为主要构建的教育信息网络已覆盖全国。

　　2012 年提出的"三通两平台"(即宽带网络校校通、优质资源班班通、网络学习空间人人通,建设教育资源公共服务平台、教育管理公共服务平台)工程的大力推进为网络教育和网上学习带来了更好的契机。2015 年,启动国家开放大学第三批 100 门网络核心课程建设,20 门在线通识课程、2 万门微课程建设,探索基于网络教学、学习和互动的新型教学模式。推进"网络学习空间人人通",提升网络学习空间的覆盖面,50% 教师和 30% 初中以上的学生拥有实名网络学习空间,90%以上高等学校师生和 100% 大学师生拥有实名网络学习空间,师生网络学习空间的开通数量达到 4500 万。据不完全统计,截至 2015 年 3 月,全国接近 85% 的学校基本实现互联网接入,北京、上海、浙江等地学校已有 100% 地实现了互联网接入,部分省市学校多已建成多媒体教室并实现了千兆宽带接入。

　　在全国高等学校、中小学校课堂教学环境建设上,电子白板、电子书包、智能手机、平板电脑等硬件设备的出现和不断普及促使教育信息化进一步发展。截至 2017 年,电子白板、智能手机、平板电脑已成功走进课堂,成为课堂中教师

提高课堂效率的重要手段；"电子书包"教学促进了学生的个性化学习，成为教学改革的创新实践方式。这些教学硬件设施能够真正体现出互联网技术为教学水平的提高带来的高效率。这些教学硬件设备都已具备"互联网化"的特点，真正实现了互联网为教学服务、为提升教师学生素养服务。

2. 教育资源的开发与应用逐步深化

目前我国教育资源的开发与应用逐渐深化，取得了重要进展，从各个方面促进了教育理念的创新和教学方法的改革，形成了覆盖各级各类教育的数字化教育资源体系。

据中国教育部与联合国教科文组织共同举办的"国际教育信息化大会"调查研究显示，目前，我国有 29.5% 的中小学具有校本资源，36% 的中小学实现了利用数字资源进行课堂教学，职业教育方面已建设了 56 个专业的教学资源库。2014 年至 2017 年以每年一次的频率举办的"一师一优课、一课一名师"活动有效促进了优质教育资源的建设和共享。"爱课程网""好大学在线""学堂在线"等课程资源的平台的开发和建设进一步利用优质课程资源促进了教育教学模式的创新。

目前，通过卫星和网络，全国已有 6.4 万个教学点实现了数字教育资源全覆盖，保证了资源配送、教学应用、设备配备的基本到位，使国家规定课程基本能够开齐开好。

3. 教育管理信息化水平显著提升

目前，我国教育行政部门和学校基本实现互联网接入，国家和省级教育信息数据中心建设逐步推进，教育管理信息化标准体系基本形成。

教育管理平台建设与应用：全国教育数据库基本形成，全面覆盖了 50 多万所学校、1700 多万名教师以及 2.4 亿名学生。"全国中小学生学籍信息管理系统""国家教育考试招生与安全监管信息化平台""高校学籍管理和学历认证信息化平台"等十一个系统平台已经运行并逐渐走向规模化应用。

教育管理领域：国家和各级地方教育数据库记录了大量的教育管理和教学过程的数据，基于大数据的智能模型对教育数据进行直观可靠的分析处理，为教育决策提供了更翔实、更有力的结论，从而发现教师教学和学生学习的新规律和特点，为提高教育的科学管理决策、推动教育改革提供了重要的参考和支撑。

4. 信息化人才建设不断增强

在国家的大力重视和培养下，信息化人才队伍建设迅速推进，信息化人才培养和技术培训持续进行。

2005 年,教育部颁布《中小学教师教育技术能力标准(试行)》,正式启动全国中小学教师教育技术能力建设计划。2013 年启动"全国中小学教师信息技术应用能力提升工程",通过多种途径提升中小学教师的信息技术应用能力水平。目前,全国已有 5 万多名中小学校长、20 万名职业院校教师、600 多万名中小学教师完成了教育信息化方面的专题培训。

通过"联合国儿童基金会教师培训""微软携手助学""乐高技术教育创新"和"英特尔未来教育"等培训项目,使教师得到更广泛和具有实际意义的教育信息化应用能力培训,不断增强应用信息技术的能力。

总体上来看,我国教育信息化发展处于应用阶段向全面融合阶段的过渡时期,到 2020 年前,我国教育信息化将会产生跨越式发展,进入到全面融合和创新阶段。

四、我国教育信息化发展面临的问题

1. 教育信息化观念有待转变

观念问题是教育信息化能否快速发展的重要障碍,要实现教育现代化首先要进行教育观念的更新。随着我国教育信息化的迅速发展,虽然教育信息化已经在全国各地逐渐受到重视,但许多地区,尤其是西部欠发达地区行政部门和学校对于教育信息化的战略地位理解不够,不能正确认识教育信息化的重要作用,发展的观念落后。一些地区行政部门领导、学校和教师受传统教育观念束缚,面对新形势发展态势下的教育信息化工作产生了畏难抵触情绪,从而阻碍了教育信息化发展的建设,有些偏远贫困地区甚至还是黑板粉笔为主的传统教学模式。观念和意识的落后直接影响了教育信息化的快速发展。北京三十五中学校长朱建民认为:"若想真正推动学校的信息化,教师的信息化素养也是瓶颈之一,推动教育信息化的切入点要从转变观念开始。"

2. 基础设施建设有待提升

随着我国教育信息化的广泛而持续的发展,国家出台了一系列政策大力支持并持续推进基础设施建设,使我国教育信息化基础建设取得了一定成绩并已初具规模。但总体来说,我国教育信息化基础设施条件仍不能完全满足各级各类教育教学的需要,基础设施投入仍然严重不足,东西部地区投入差距十分悬殊。许多经济发达地区的中小学和部分大学中虽然教育信息化基础设施建设相对完备,但一定程度上存在着重建设而轻应用的现象。而经济相对落后,尤

其是边远农村地区的基础设施建设还比较落后,在地区与地区之间、城市与乡村之间、学校和学校之间存在较大差距。有的学校虽然基础设施建设已较为完善,但缺乏与横向教育机构的沟通交流,形成了"信息孤岛",互联互通存在瓶颈。政府部门对于网络监管和网络应用的推广也存在不到位、不及时的现象。在信息化学习平台和终端上,普及率比较低下,与其他发达国家相比存在一定的差距。

3. 信息技术全面融入教学的应用有待提高

目前看来,虽然在国家的一系列政策支持下,我国的大部分学校都开始了教育信息化进程。但在一定程度上,教育信息化对教学还未产生真正意义上的深刻、持续性的影响,信息技术在与教育教学全面融合的道路还需要进一步探索。在国家逐渐重视对教师的教育信息化水平培养的同时,部分教师尤其是偏远地区的教师的信息技术应用水平并没有根本性的提高,在教学组织形式、教学模式和教学方法上的改变甚小。有些教师并未能够真正理解信息技术与教学之间的关系,在应用上也大多数停留在教学表面,或只重视信息技术要如何应用,而未对有效融合的教学方法和学生的学法进行深入的研究,导致信息技术在教学中的应用成效并不明显。2016 年,教育部颁布《教育信息化"十三五"规划》,《规划》中提出:到 2020 年,我国要基本实现教育信息化对学生全面发展的促进作用。因此,在信息化全面融入教学应用的过程中,我们还需要加快脚步、全面推进。

4. 信息化人才培养力度有待增强

信息化人才的培养分为两个方面:一是信息化专业教师队伍建设;二是信息化专业人才的培养规模。随着国家对信息化人才培养的高度重视,近些年针对教师信息化能力培养和专业人才培养的培训活动层出不穷,信息化人才队伍建设迅速推进。但就目前来看,我国信息化专业人才和教师信息化水平一定程度上无法适应教育信息化的快速发展需求,经济发达地区和偏远地区师资平均水平的现实差距以及资源配置的不均衡,又进一步拉大了教育信息化的发展水平的差距。全国信息技术及应用远程培训教育工程负责人薛玉梅认为,要利用已建立起的硬件和软件环境为教育信息化服务,其中人才培养是关键。总而言之,信息化人才的培养重点是要注重对信息化专业人员、教育管理人员以及教师进行更高层次、更密集的专业的信息技术培训,让他们能充分掌握信息技术基本技能,全面提高教育工作者应用信息技术的水平。

5.教育信息化可持续发展的保障机制有待形成

制定科学、严谨、规范的体制机制是实现教育信息化可持续发展的根本保障。目前,虽然我国政府和相关教育主管部门对教育信息化高度重视并大力投入,但教育信息化的长效投入机制尚未成型。各级政府有时缺乏与经济发展相适应的教育信息化实施计划和有效措施;少数地方政府尚未将教育信息化建设纳入地方经济和社会发展的规划中;有些教育行政主管部门并没有把教育信息化作为推进教育现代化的主要手段加以重视。在基础设施建设经费投入中缺乏维护和运营经费、缺乏采购经费、缺乏培训经费等问题依然存在,财政投入的增长有时难以跟上信息化发展的脚步,基础教育信息化的建设机制大多属于一次性计划,未形成持续的建设经费投入机制。教育信息化的运行和维护方面问题依然存在,运行和维护大多由信息学科教师兼职承担,缺乏常规性的专业人员与专业经费,尚未形成有效的服务模式。教育信息化的激励机制有待出台,信息化教学的应用水平与学校绩效评价挂钩、与教师晋级评职评优挂钩等激励机制尚未形成,教育信息资源有效整合和有机共享的保障机制还处于探索之中。因此,进一步研究和规划教育信息化的可持续发展,并建立健全保障机制亟须加强。

综上所述,目前我国在教育信息化方面,对其重要性的认识有待深入;教育信息化发展的体制机制、政策环境尚未完全形成;基础设施方面仍然有待普及和提高;共建共享数字教育资源的有效机制还未完全形成,优质教育资源比较匮乏;教育信息化促进教育变革的作用需要进一步拓展,推进教育信息化快速发展仍然是我们急需解决的主要问题。

第三节 我国教育信息化的政策导向

教育信息化政策是教育信息化理论与实践在社会进程中演进变迁的缩影,它对教育信息化的重要作用不言而喻。国家教育信息化政策的制定体现了我国政府在中国特色社会主义政治、经济、文化、社会环境下为发展教育信息化而采取的一系列有目的的行动,是教育信息化发展的重要导向和保障,指引着我国教育信息化的发展方向。

一、起步阶段的政策指引

1.政策发展历程及重要内容

从1978年邓小平同志提出"制订加速发展电视、广播等现代化教育手段的

措施"以及中央电教馆的成立,到 2001 年全面开始教育政务信息化建设工作,我国教育信息化经历了一个长达 23 年漫长的起步阶段。在这一阶段中,国家出台了许多教育信息化方面的政策,其中规定了国家在教育信息化方面的重要内容,国家也通过一系列政策指引着我国教育信息化的发展方向。本节将就此期间国家出台的重要政策作以相关介绍。

(1)《中国教育改革和发展纲要》(1993)。主要内容为:积极发展广播电视教育和学校电化教学,推广运用现代化教学手段。抓好教育卫星电视接收和播放网点的建设,到 20 世纪末,基本建成全国电教网络,覆盖大多数乡镇和边远地区。

(2)《中小学校电化教育规程》(1997)。主要内容为:首次明确中小学电化教育内容,规定中小学校电化教育的机构和职能、专职人员与学科教师、经费与设备、电教教材与资料、管理与领导等事项。《规程》指出中小学校电化教育是在教育教学过程中,运用投影、幻灯、录音、录像、广播、电影、电视、计算机等现代教育技术,传递教育信息,并对这一过程进行设计、研究和管理的一种教育形式。

(3)《面向 21 世纪教育振兴行动计划》(1998)。主要内容为:首次提出我国要实施"现代远程教育工程",形成开放式教育网络,构建终身学习体系。拟定了现代远程教育工程重要任务,包括:以现有的中国教育科研网(CERNET)示范网和卫星视频传输系统为基础,提高主干网传输速率,充分利用国家已有的通信资源,进一步扩大中国教育科研网的传输容量和联网规模。继续发挥卫星电视教育在现代远程教育中的作用,改造现有广播电视教育传输网络,建设中央站,并与中国教育科研网进行高速连接,进行部分远程办学点的联网改造。改变落后、低水平重复的远程教育软件开发制作模式,发挥政府宏观调控作用,利用各级各类学校教育资源的优势,通过竞争和市场运作机制,开发高质量的教育软件。要重点建设全国远程教育资源库和若干个教育软件开发生产基地。同时注意引进国外优秀现代远程教育软件。扩大中国教育科研网的传输容量和联网规模、改造现有广播电视教育传输网络,进行部分远程办学点的联网改造、开发高质量的教育软件、对全国现代远程教育工作实行管理等。

(4)《关于深化教育改革全面推进素质教育的决定》(1999)。主要内容为:强调我国要大力提高教育技术手段的现代化水平和教育信息化程度,并提出几项教育信息化工作:①加强经济实用型终端平台系统和校园网络或局域网络的建设;②搞好多样化的电化教育和计算机辅助教学;③普及初中、小学计算机操作和信息技术教育;④使教育科研网进入全部高等学校、骨干中等职业学校,逐步进入中小学;⑤开发优秀的教育教学软件;⑥运用现代远程教育网络为社会成员提供终身学习的机会,为农村和边远地区提供适合当地需要的教育。

(5)《关于在中小学普及信息技术教育的通知》(2000)。主要内容为:明确了中小学普及信息技术的重要内容:①将信息技术课程列入中小学生的必修课程,推动信息技术与课程教学改革的结合,促进教学方式的变革;②全面启动中小学"校校通"工程,为中小学普及信息技术教育、推动教育信息化建设奠定基础;③进一步加强中小学信息技术教育师资队伍建设,大力开展对在职中小学教师进行信息技术的全员培训;④加强领导,多渠道筹措资金,大力推进中小学普及信息技术教育工作。

(6)《关于在中小学实施"校校通"工程的通知》(2000)。主要内容为:启动中小学实施"校校通"工程,布置了"校校通"工程的任务及实施具体事宜,加快了中小学普及信息技术教育的步伐。提出"校校通"工程的目标是:用5—10年的时间,使全国90%左右的独立建制的中小学校能够上网,使中小学师生都能共享网上教育资源,提高所有中小学的教育教学质量,使全体教师能普遍接受旨在提高实施素质教育水平和能力的继续教育。明确了"校校通"工程的任务和实施方式。

(7)《中小学信息技术课程指导纲要(试行)》(2000)。主要内容为:明确了中小学信息技术课程的主要任务,以及各学段的教学目标、教学内容和课时安排,提出教学评价必须以教学目标为依据,本着对发展学生个性和创造精神有利的原则进行,教学评价要重视教学效果的及时反馈,评价的方式要灵活多样,要鼓励学生创新,主要采取考查学生实际操作或评价学生作品的方式。对中小学信息技术课程指导具有重要意义。

(8)《国务院关于基础教育改革和发展的决定》(2001)。主要内容为:大力普及信息技术教育,以信息化带动教育现代化。各地要科学规划,全面推进,因地制宜,注重实效,以多种方式逐步实施中小学"校校通"工程。努力为学校配备多媒体教学设备、教育软件和接收我国卫星传送的教育节目的设备。有条件地区要统筹规划,实现学校与互联网的连接,开设信息技术课程,推进信息技术在教育教学中的应用,开发、建设共享的中小学教育资源库。加强学校信息网络管理,提供文明健康、积极向上的网络环境。积极支持农村学校开展信息技术教育,国家将重点支持中西部贫困地区开展信息技术教育。支持鼓励企业和社会各界加大对中小学教育信息化的投入。各级人民政府和教育行政部门要

重视常规实验教学,因地制宜地加强中小学实验室、图书馆(室)及体育、艺术、劳动技术等教育设施的建设,并充分向学生开放,提高教学仪器设备、图书的使用效率。鼓励各地乡(镇)中小学建立中心实验室、图书馆等,辐射周边学校。

2.政策指引方向分析

纵观起步阶段的国家教育信息化政策,可以从中看出,从1978年开始直到2001年,我国教育信息化经过了一个从无到有、从弱到强的发展过程,虽起步较晚,但发展迅速。随着全球信息化的逐渐来临,跟随国际形势发展,我国各方领域、各行各业也开始了信息化进程,而在教育上,国家也开始逐渐重视教育向信息化领域拓展和延伸。在我国教育信息化的起步阶段,国家通过一系列政策首次对教育信息化的基本概念、主要内容、基本目标给出了明确的定义。可以从一系列的教育信息化政策中看出,"公平"是教育信息化政策中最重要的价值意义。教育信息化政策也重点关注到了资源、经费、人力等向中西部地区、农村贫困地区和边疆地区倾斜,充分提倡以教育信息化解决农村、边远地区基础教育改革面临的难题,尽量缩小贫富地区、城乡之间的教育差异,促进教育公平。各项政策也首次规定了信息化如何与教育教学在手段、方式等方面更好地运用与结合。尤其在基础教育这一层次中,对中小学教育信息化的基础设施建设、资源建设、教师教育信息化能力建设等都规定了许多措施,这一系列的重要措施更快地促进了我国教育信息化的发展进程,为我国教育信息化更好地与世界接轨、更好地促进教育现代化的发展奠定了重要的基础。随着教育政策研究的发展,教育信息化政策研究也引起广泛关注。

二、应用阶段的政策定位

1.政策发展历程及重要内容

从2002年到2010年,我国进入到教育信息化发展的第二个阶段,即"教学应用"阶段。在这一阶段中,国家在教育信息化政策方面也陆续出台了许多针对"教学应用"方面的措施和手段。以下为在此期间较为重要的政策及其主要内容。

(1)《关于推进教师教育信息化建设的意见》(2000)。主要内容为:分析了积极推进教师教育信息化的重要性和紧迫性,明确了"十五"期间教师教育信息化建设的措施,包括:①加快教师教育信息基础设施建设;②加快教师教育信息资源建设;③加强师范院校信息技术和教育技术等专业建设,培养、培训适应普及信息技术教育需要的中小学教师;④以科学研究为先导,积极探索和构建现代信息技术环境下教师教育教学与教学管理新模式;⑤加强领导、管理和评估等。

(2)《农村中小学现代远程教育工程试点工作方案》(2003)。主要内容为:提出我国将在中西部农村地区开展进一步加强远程教育工程试点工作,并对试点地区的选择及试点规模、试点工作经费测算、基本配置标准、工程的组织实施和标准制定等做出了详尽的说明,推动农村中小学现代远程教育工程实施。

(3)《中小学教师教育技术能力标准(试行)》(2004)。主要内容为:制定了适用于中小学教学人员、中小学管理人员、中小学技术支持人员教育技术能力的培训与考核的标准,包含:①意识与态度:重要性的认识、应用意识、评价与反思、终身学习;②知识与技能:基本知识、基本技能;③应用与创新:教学设计与实施、教学支持与管理、科研与发展、合作与交流;④社会责任:有效指导中小学教师教学技术能力培养。

(4)《2003—2007年教育振兴行动计划》(2004)。主要内容为:构建教育信息化公共服务体系,建设软、硬件共享的网络教育公共服务平台,创建国家级教育信息化应用支撑平台。

(5)《2006—2020年国家信息化发展战略》(2006)。主要内容为:强调"加快教育科研信息化步伐",明确2006—2020年我国教育信息化任务:①提升基础教育、高等教育和职业教育信息化水平,持续推进农村现代远程教育,实现优质教育资源共享,促进教育均衡发展;②构建终身教育体系,发展多层次、交互式网络教育培训体系,方便公民自主学习;③建立并完善全国教育与科研基础条件网络平台,提高教育与科研设备网络化利用水平,推动教育与科研资源的共享。明确2006—2020年我国教育信息化目标:在全国中小学普及信息技术教育,建立完善的信息技术基础课程体系,优化课程设置,丰富教学内容,提高师资水平,改善教学效果。推广新型教学模式,实现信息技术与教学过程的有机结合,全面推进素质教育。

(6)《国家教育事业发展"十一五"规划纲要》(2007)。主要内容为:加快教育信息化步伐。以教育信息化带动教育现代化。大力发展现代远程教育,建设覆盖全国城乡的现代远程教育网络。多形式、多渠道向全国特别是中西部农村地区输送优质教育资源,提高农村学校的教育教学质量,并为农民学习实用技术服务,为农村基层党员和干部培训服务。加快普及信息技术教育,全面提高教师和学生运用信息技术的能力,实现信息技术与教育教学的有机结合。加快教育管理信息化,提高教育管理水平。努力构建教育信息化公共服务体系。继

续加强教育信息化基础设施建设,加强农村学校现代远程教育网络建设和高校校园网建设,创建国家级教育信息化应用支撑平台。加快教育信息资源开发,形成国家信息教育资源服务体系。建立和完善教育信息化技术服务支撑体系。加快教学科研网络、教育政务信息化、高校数字图书馆等应用工程建设。加强教育信息化标准体系建设和专业人才培养,组织对关键技术问题的攻关,为教育信息化提供保障。

2.政策指引方向分析

2002—2010年是我国教育信息化发展的应用阶段,在此阶段,教育信息化政策的出台数量最多、最频繁。通过国家一系列政策可以看出,国家对教育信息化的关注度持续上升,其重视程度也逐渐增强。在此阶段中,所有国家政策都更多地关注了"教学应用",并充分强调了信息技术在教育教学过程中的应用。在政策制定上,围绕教育资源的开发与运用、信息化基础设施建设、信息化人才建设等方面给出了整体的规划。国家也在教育实践化的进程中投入了大量的人力、物力和资金支持。在基础设施建设的政策制定方面,呈现了以网络建设为核心,以公共服务平台、信息化支撑平台的建设为主要的发展方向;在教育信息化人才建设方面,对信息技术教育教师培训高度重视外,着重强调了整体师资质量尤其是教育信息化教学能力水平的提高;资源建设方面,从最初的软件建设开始发展到对网络课程、媒体素材等的建设。

三、全面融合及创新阶段的政策方向

1.政策发展历程及重要内容

从2010年至今,随着"互联网+"在中国的普及,教育信息化得到了前所未有的高度重视,促使我国的教育信息化向全面融合及创新阶段快速发展,在此期间,国家也陆续出台相关政策,引领教育信息化发展方向。

(1)《国家中长期教育改革和发展规划纲要(2010—2020年)》(2010)。主要内容为:加快教育信息基础设施建设。明确提出把教育信息化纳入国家信息化发展整体战略,超前部署教育信息网络。到2020年,基本建成覆盖城乡各级各类学校的教育信息化体系,促进教育内容、教学手段和方法现代化。充分利用优质资源和先进技术,创新运行机制和管理模式,整合现有资源,构建先进、高效、实用的数字化教育基础设施。加快终端设施普及,推进数字化校园建设,实现多种方式接入互联网。重点加强农村学校信息基础建设,缩小城乡数字化差距。加快中国教育和科研计算机网、中国教育卫星宽带传输网升级换代。制定教育信息化基本标准,促进信息系统互联互通。加强优质教育资源开发与应用。加强网络教学资源体系建设。引进国际优质数字化教学资源。开发网络学习课程。建立数字图书馆和虚拟实验室。建立开放灵活的教育资源公共服务平台,促进优质教育资源普及共享。创新网络教学模式,开展高质量高水平远程学历教育。继续推进农村中小学远程教育,使农村和边远地区师生能够享受优质教育资源。强化信息技术应用。提高教师应用信息技术水平,更新教学观念,改进教学方法,提高教学效果。鼓励学生利用信息手段主动学习、自主学习,增强运用信息技术分析解决问题能力。加快全民信息技术普及和应用。构建国家教育管理信息系统。制定学校基础信息管理要求,加快学校管理信息化进程,促进学校管理标准化、规范化。推进政府教育管理信息化,积累基础资料,掌握总体状况,加强动态监测,提高管理效率。整合各级各类教育管理资源,搭建国家教育管理公共服务平台,为宏观决策提供科学依据,为公众提供公共教育信息,不断提高教育管理现代化水平。

(2)《教育信息化十年发展规划(2011—2020年)》(2011)。主要内容为:该规划是国家层面关于教育信息化的顶层设计,对我国未来十年的教育信息化工作进行了全面规划和整体设计。围绕基础设施、软件资源、人力资源、信息化管理、信息技术与教育的深度融合等模块,整体设计并全面部署了未来十年我国的教育信息化工作。要坚持面向未来、育人为本;应用驱动、共建共享;统筹规划、分类推进;深度融合、引领创新的基本方针,实现到2020年,基本建成人人可享有优质教育资源的信息化学习环境;基本形成学习型社会的信息化支撑服务体系;基本实现宽带网络的全面覆盖;教育管理信息化水平显著提高;信息技术与教育融合发展的水平显著提升的发展目标。主要任务是:①缩小基础教育数字鸿沟,促进优质教育资源共享;②加快职业教育信息化建设,支撑高素质技能型人才培养;③推动信息技术与高等教育深度融合,创新人才培养模式;④构建继续教育公共服务平台,完善终身教育体系;⑤整合信息资源,提高教育管理现代化水平;⑥建设信息化公共支撑环境,提升公共服务能力和水平;⑦加强队伍建设,增强信息化应用与服务能力;⑧创新体制机制,实现教育信息化可持续发展。

(3)2013年,《2013年教育信息化工作要点》(2013)。主要内容为:2013年教育信息化重点工作:①实现"教学点数字教育资源全覆盖"项目原定目标;②实施农村义务教育学校"宽带网络校校通"建设;③实施职业院校"宽带网络校校通"建设;④制订完成中国教育卫星宽带传输网升级方案;⑤开展国家数字教

育源建设与应用总体设计;⑥促进基础教育领域优质数字教育资源建设与应用;⑦促进职业教育领域优质数字教育资源建设与应用;⑧促进高等教育领域优质数字教育资源建设与应用;⑨加快实名制网络学习空间建设步伐;⑩促进网络学习空间在各级各类教育教学中普及应用;⑪推进国家教育资源公共服务平台能力提升和规模化应用;⑫初步形成资源共建共享新机制;⑬加快建设教育管理信息系统,形成教育基础数据库;⑭加大教师应用信息技术能力培训力度;⑮开展教育信息化管理干部专题培训;⑯全面推进第一批并启动第二批全国教育信息化试点工作;⑰推进全国教育信息化管理体制改革;⑱完善教育信息化运行机制;⑲健全教育信息化经费投入保障机制和政策环境;⑳加大教育信息化工作宣传力度。

(4)《2014 年教育信息化工作要点》(2014)。主要内容为:2014 年教育信息化重点工作:①推进农村义务教育学校"宽带网络校校通"建设与应用;②推进职业院校"宽带网络校校通"建设;③加强国家开放大学信息化基础设施建设;④制定"构建利用信息化手段扩大优质教育资源覆盖面的有效机制"工作方案,推动建立相关政策机制;⑤全面推进基础教育数字教育资源开发与应用;⑥大力推进职业教育优质数字教育资源开发与应用;⑦组织民族双语数字教育资源开发与应用;⑧促进高等教育和继续教育领域优质数字教育资源开发与应用;⑨推进国家教育资源公共服务平台能力与机制建设;⑩巩固深化"教学点数字教育资源全覆盖"项目成果;⑪加快网络学习空间普及和应用;⑫做好教育管理信息系统和基础数据库的应用与服务;⑬加快国家教育科学决策服务系统建设;⑭全面实施中小学教师信息技术应用能力提升工程;⑮加强职业院校、高等学校教师培训;⑯大力开展教育信息化专题培训;⑰深入推进教育信息化试点工作;⑱推动各地全面加快推进教育信息化各项工作;⑲建立教育信息化专项督导机制;⑳进一步完善教育信息化管理体制;㉑进一步完善教育信息化专家咨询机制;㉒加强信息技术安全工作;㉓加大教育信息化工作宣传力度。

(5)《2015 年教育信息化工作要点》(2015)。主要内容为:2015 年教育信息化重点工作:①做好教育信息化宏观指导与部署;②推进农村中小学"宽带网络校校通";③推进职业院校数字校园建设;④推进国家开放大学云教室的推广应用;⑤全面推进基础教育数字教育资源开发与应用;⑥大力推进职业教育和继续教育优质数字教育资源开发与应用;⑦促进高等教育优质数字教育资源开发与应用;⑧组织民族双语数字教育资源开发与应用;⑨完善教育资源云服务体系;⑩巩固深化教学点数字教育资源全覆盖成果;⑪加快网络学习空间普及和应用;⑫加快重要管理信息系统的建设与应用;⑬扩大实施中小学教师信息技术应用能力提升工程;⑭加强职业院校、高等学校教师培训;⑮大力开展教育信息化专题培训;⑯开展教育信息化应用典型示范;⑰加快推进各地教育信息化工作;⑱开展年度教育信息化专项督导;⑲进一步完善教育信息化管理体制;⑳充分发挥教育信息化战略研究和专家咨询机构的作用;㉑加强教育系统信息技术安全工作;㉒开展教育信息化国际交流与合作;㉓加大教育信息化宣传力度。

(6)《2016年教育信息化工作要点》(2016)。主要内容为:2016年教育信息化重点工作是:①做好教育信息化统筹规划与指导;②加快推进中小学"宽带网络校校通";③全面推进基础教育信息化教学模式普及,扩大优质教育资源覆盖面;④大力推进职业教育优质数字教育资源开发与应用;⑤加强高等教育优质数字教育资源开发与应用;⑥切实做好继续教育优质数字教育资源开发与应用;⑦做好特殊需求数字教育资源和专题教育资源开发与应用;⑧推动中华语言文字和优秀文化的传播与推广;⑨大力推进"网络学习空间人人通";⑩统筹推进教育资源公共服务平台建设;⑪完善教育管理公共服务平台建设与服务;⑫推动各级各类学校数字校园建设与应用;⑬加快电子政务建设;⑭深入推进实施中小学教师信息技术应用能力提升工程;⑮开展管理干部教育信息化专题培训;⑯推动教育信息化应用典型示范;⑰分层推进教育信息化工作;⑱加强教育行业信息系统(网站)安全防护;⑲提升教育行业信息技术安全保障能力;⑳完善多方参与的教育信息化推进机制;㉑开展教育信息化专项督导;㉒加强教育信息化战略支撑能力;㉓深化教育信息化国际交流与合作;㉔加大教育信息化宣传力度。

(7)《教育信息化"十三五"规划》(2016)。主要内容为:指出当前教育信息化发展的现状与形势,发展目标和主要任务。主要任务为:①完成"三通工程"建设,全面提升教育信息化基础支撑能力;②实现公共服务平台协同发展,大幅提升信息化服务教育教学与管理能力;③不断扩大优质教育资源覆盖面,优先提升教育信息化促进教育公平、提高教育质量能力;④加快探索数字教育资源服务供给模式,有效提升数字教育资源服务水平与能力;⑤创新"网络学习空间人人通"建设与应用模式,从服务课堂学习拓展为支撑网络化的泛在学习;⑥深化信息技术与教育教学的融合发展,从服务教育教学拓展为服务育人全过程;⑦深入推进管理信息化,从服务教育管理拓展为全面提升教育治理能力;⑧紧密结合国家战略需求,从服务教育自身拓展为服务国家经济社会发展。

(8)《国家信息化发展战略纲要》(2016)。主要内容为:纲要是规范和指导

未来十年国家信息化发展的纲领性文件,是国家战略体系的重要组成部分,是信息化领域规划、政策制定的重要依据。指出了国家信息化发展的基本形势、指导思想、战略目标和基本方针。提出要大力增强信息化发展能力,着力提升经济社会信息化水平,不断优化信息化发展环境。

(9)《2017年教育信息化工作要点》(2017)。主要内容为:2017年教育信息化重点工作是:①做好教育信息化统筹管理与指导;②加快推进中小学"宽带网络校校通";③推动数字校园和智慧校园建设;④规范引导教育资源公共服务体系建设;⑤提升教育资源公共服务体系协同服务能力;⑥提升中小学数字教育资源服务水平与能力;⑦继续推进职业教育资源建设;⑧不断加强高等教育优质资源建设与应用;⑨加强继续教育优质资源开放共享;⑩开发民族双语和专题教育资源;⑪推广中华语言文字和优秀文化;⑫大力推进"网络学习空间人人通";⑬完善教育管理公共服务平台建设与服务;⑭加强教育行业数据管理与决策支持服务;⑮加快电子政务建设;⑯推进教育系统密码应用;⑰推进信息技术在教学中的深入普遍应用;⑱推动教育信息化应用典型示范;⑲持续做好教师和管理干部教育信息化培训;⑳推进网络思想政治与法治教育;㉑以区域为单位整体推进教育信息化;㉒加强网络安全教育与人才培养;㉓开展网络安全综合治理行动;㉔增强网络安全监测预警和应急响应能力;㉕完善多元化教育信息化投入格局;㉖加强教育信息化专家团队和研究基地建设;㉗拓展教育信息化国际交流与合作;㉘做好教育信息化宣传报道。

2. 政策指引方向分析

自2010年以来,在全球信息化背景下,国家教育信息化相关政策都提出:"国家在教育领域的重大战略措施就是要把教育信息化作为国家信息化的战略重点和优先领域进行全面部署和实施。"在教育信息化应用阶段,国家政策中虽出台了许多规定促进教育信息化的发展,但并未真正促进教育的融合与变革,信息技术在一定程度上还遵循着传统教育的相关模式。而随着2010年《国家中长期教育改革和发展规划纲要(2010—2020年)》等政策的颁布,我国教育信息化开始走向深入发展和全面融合创新的阶段。这些教育信息化政策围绕基础设施、人力资源、信息化管理,尤其是信息技术与教育的深度融合方面对未来国家的教育信息化工作进行了整体设计和全方位部署;从应用阶段更关注于基础设施建设、人力资源建设、软件资源建设转向培养创新型人才和教与学方式的变革;从应用阶段更关注于资源数量的积累转向优质资源的建设、整合与共享。

第二章　新技术在教育中的探索

在人类发展漫长的历史中,科学技术的影响至为关键。历史上两次重要的工业革命不仅改变了我们的生活环境,更深刻地改变了东西方在文化、经济、军事领域内的从属关系。而互联网技术的发展,彻底将我们的生活从工业化时代带入人工智能时代,这种变化渗透我们的生活习惯、工作方式、思维模式。

人类发展的历史上,文字的出现和印刷术的发明,带来了人类教育史上两次重大变革,文字改变了知识的传播方式,使我们不再仅仅依靠口头语言和身体语言来传递信息,文字更为准确地还原历史保留文化的精华;印刷技术不断发展为教育带来了书籍、课本,推动文化的传播,提供教育全面公平发展的机会。对于教育来说,信息技术带来的不仅是教学手段的变化,更带领每一个教育工作者突破固有教育理念和教学方式,对教育本质有了更深刻的思考。

汽车出现以后,英国于 1865 年通过一项被后人称为《红旗法案》的机动车法案,规定一辆汽车要 3 个人共同驾驶,其中 1 个人必须步行在车子前举着红旗,车子不能超过红旗。机动车在道路上行驶的速度不得超过 6.4 公里/小时,通过城镇和村庄时,则不得超过 3.2 公里/小时。正是因为害怕汽车会代替马车的功能,没有看清汽车工业的发展对人类生活产生的巨大影响,传统的保护观念阻碍了新技术带来的机遇,英国失去了汽车工业发展的机会,使德国在汽车工业方面取得飞速发展,在经济上得以比肩老牌资本主义国家。而面对现在互联网技术的发展,全世界各个行业又有多少类似《红旗法案》这样的错误判断在接受新事物的时候因为保守而错失发展良机。

教育的目的是对既有文化的传承,也要为未来的发展培养人才。因此,教育不能滞后于社会的发展。伴随着计算机的出现引发的信息爆炸的大数据时代,我们的教育现状出现了诸多不均衡现象,一方面传统教育在新技术面前态度保守,很多中小学仅仅在购置计算机、平板电脑方面投入资金,而在开发使用方面,简单地把课本电子化,题库海量化,让学生失去探讨学习的主动性。另一方面,各种电子游戏借助智能设备飞快地占领着成人与孩子们的世界。落后的

教育理念和飞速发展的商业机遇,共同造就了目前教育面临新的困境与危机。

当现代的信息技术进入课堂,互联网技术的普及已经遍及全国,教育面临的重点就是探索和创设信息时代学习环境和教育模式。

第一节 互联网技术在教育中的探索

一、网络空间

1. 概念

网络空间一词最早在 1984 年由美国科幻小说家威廉·吉布森(William Gibson)在其小说《神经漫游者》中提出,他描写了一个巨大的与人脑相连接的空间。在这个空间中,既没有现实生活里的山川河流,也没有传统意义上的城镇乡村,而是由各种高速运行的信息组成,吉布森把这个空间取名为"赛伯空间"(Cyberspace),也就是现在所说的计算机网络。相对于传统的现实空间而言,它是一个虚拟的空间。但是这个虚拟的空间,已经具有现实的特征,与我们的日常生活息息相关,密不可分。

随着科技的发展,这些未来世界场景已经来到了我们的生活中,在计算机领域中,网络就是用物理链路将各个孤立的工作站或主机相连在一起,组成数据链路,从而达到资源共享和通信的目的。凡将地理位置不同,并具有独立功能的多个计算机系统通过通信设备和线路而连接起来,且以功能完善的网络软件(网络协议、信息交换方式及网络操作系统等)实现网络资源共享的系统,可称为计算机网络。

2. 网络空间需要的技术支持

●通常就是我们所说的软硬件设施;

●运行速度越来越快的独立功能的计算机;

●可以实现物理链路的通信设备;

●基于不同设备的功能性软件;

●信息资源共享。

3. 网络空间的中国方案

在第二届世界互联网大会上,习近平主席提出推进全球互联网治理体系变革的"四项原则"和构建网络空间命运共同体的"五点主张";在第三届世界互联网大会上,习近平主席又进一步指出,坚持以人类共同福祉为根本,坚持网络主权理念,推动全球互联网治理朝着更加公正合理方向迈进的"两个坚持";推动网络空间实现平等尊重、创新发展、开放共享、安全有序的"四个目标"。这些原则方向和目标主张,构成全球互联网治理体系的"中国方案"。"中国方案"根据互联网发展大势与各国国情,着眼长远大局,提倡"政府主导、多边参与、共享共治",突出人类共同福祉、共同利益、主权理念,推动国际互联网络规则制定和国际立法,携手构建网络空间命运共同体,既符合互联网发展规律、全球化发展大势,又兼顾各方利益和关切,正在成为世界各国在网络环境下生存和发展的基本原则。

4. 网络对我国教育的影响

我国传统的教育价值以功名为主,高考制度恢复以后,基础教育形成以高考成绩作为唯一标准的教学模式。为了追求考试卷上的高分,教师更注重对学生遵守规则的培养,忽视了学生个性化发展。教学过程反复强化重点、要点,以"题海战术"解决学习困扰。在计算机和多媒体技术进入校园初期,很多学校的机房基本是摆设,新的技术新的设备都只是传统教学手段的辅助,改变的仅仅是学生的学习形式和教师的备课方法。网络带给教育机构的变化是微乎其微的。

但是网络带给教育者个体的变化是巨大的,很多教师、教研员自发的利用网络寻找自己想要的声音和支持,在这个过程中,论坛、博客、QQ群,微信群、视频聊天室等网络平台的出现,一点点的冲破了传统教育这块封闭的坚冰。

(1)教育博客

博客是伴随着网络产生的极具个人风格的网络日记。在页面中建立起超链接,不同的内容指向极大地丰富了数字时代日记的内涵。博客最初始的名称是 Weblog,由 web 和 log 两个单词组成,按照字面意思就为网络日记,后来喜欢新名词的人把这个词的发音故意改了一下,读成"We blog",由此,"blog"这个词被创造出来,开创具有网络特质的自媒体时代。从 1997 年出现到 2005 年在国内主流网站推出自己的博客空间,博客的发展是飞速的。

教育博客是借助各大博客运营商博客为主的个人网页,是不同学科不同学段的教师和学生利用 blog 技术,用文字、图片、视频技术等方式,将学习生活中的教学设计、教育心得、教学实录、课件、教案等上传到网页,并提供探讨答疑的空间。可以成为教师、学生和家长之间随时沟通的媒介。

随着移动互联网的发展,博客衍生出更为便捷的微博,教育工作者利用博客与微博,改变了以往的工作方式。区域性的博客团队,从自发到有组织地进

行教育教学活动,以微博发布教学教研活动的通知,以博客为主页进行专题活动研讨,以视频网站进行课例观摩活动,成为极具网络特色的教育形式,对教师的专业素养提升、教育资源的收集整理、教育科研的及时反馈都有很大的影响。

(2)教育论坛

教育论坛种类繁多,均是以论坛为载体进行教育教学的研究和探讨。

(3)教育 QQ 群

QQ 群是基于腾讯公司推出的多人聊天交流的一个公众平台,群主在创建群以后,可以邀请专家、同事、学生、家长或关注教育事业的社会各界人士,在一个群里以聊天的形式交流教学教研过程中存在的各种问题。在群内除了聊天,腾讯还提供了群空间服务,在群空间中,用户可以使用群 BBS、相册、共享文件、群视频等方式进行交流,这种最初就存在的交流形式目前仍然在广泛使用。QQ 群的及时性虽然便捷,可是也存在着内容分散、资料整理困难等缺陷,需要进行专题总结与内容梳理。

(4)微信群

微信是腾讯公司于 2011 年 1 月 21 日推出的一款通过网络快速发送语音短信、视频、图片和文字,支持多人群聊的手机聊天软件。用户可以通过微信与好友进行形式上更加丰富的类似于短信、彩信等方式的联系。微信软件本身完全免费,使用任何功能都不会收取费用,这又比短信、彩信更受欢迎。微信时产生的上网流量费由网络运营商收取。现在越来越多的班级群使学生、家长和班主任的联系更为密切,也切实对教育产生更深的影响,从幼儿园到中小学,班级群、家长群、校园管理群、教育行政群,已经和教育工作密不可分,让家庭、学校、社会成为一个信息共享、快速反应的孩子成长环境,促进多方位关注学生整体素质提升。

(5)视频聊天室

视频聊天室是在一个网站中或者客户端软件中,供许多人通过文字与符号进行实时交谈、聊天的场所,它是一个向整个因特网开放的地方。视频聊天室分成三部分:聊天区、功能区、名单区。视频聊天室在教师的教学、教研活动中发挥了巨大的作用,一节优秀的课堂,借助网络突破教室的局限性,让更多的学生可以同步学习,对于打破我国教育因为地域产生的差别,实现教育公平创造了条件;也切实影响到教研工作,传统的面对面的教研模式发生转变,教研活动参与者的人数和区域,都有了巨大的突破。各大门户网站在其发展过程中都经历过最初的功能单一到内容丰富、使用更为方便的过程。

（6）网络直播互动教室

在《教育信息化十年发展规划（2011—2020 年）》中明确要求中小学要建立数字教育资源共享机制。全国各地中小学在既有条件下，建设不同规模的网络直播互动教室。

互动教室的优势：

① 录制和存储功能。对教师整个课堂过程进行实录，有没有学生都可以进行。方便教师对自己授课过程进行反思，有利于建立积累数字教育资源。方便学生进行重点难点问题的反复学习，提高学习效率。

②一人授课多点听课，开启异地同步教学，使教育平等成为可能。有了互动教室，名师效应明显，优质课堂教学可以传播到任何一个有同样终端的教室，打破区域限制。因此国家在偏远地区投入资源建设互动教室具有非常重大的现实意义。

③开启教研活动新形式，提高有效教研。利用直播互动教室，可以进行远程听评课活动，打破面对面教研这样的基础形式，方便教师与教师之间的交流，在点评课过程中更为透明公平，有效促进教师的专业发展。

④互动教室受益不仅者是学生，也方便教师进行的培训。示范课的同步进行、针对新教材的培训等针对教师专业提升的培训都可以在本校进行，节约资金、节省时间，切实减轻学校和教师的负担，收效良好。

⑤利用互动教室进行教育工作会议，提升教育教学管理效率。多种形式的网络空间应用，促进了传统教育的改变。但是随着信息技术的发展，有的技术被取代，没有消失的也不断经历着自身变革，越来越多整合型的多功能应用，以更简洁方便的形式为不同需求者提供服务，在教师的专业成长、教育教学的管理、教师与家长的沟通、学校与社会的交融方面起到了巨大的促进作用。

二、云计算在教育中的应用及探索

自从 2008 年云计算进入我国，引起各个学科领域研究的热切关注。2010年，我国将云计算产业列为国家重点培育和发展的战略性新兴产业，工信部、国家发改委等部委联合确定在北京、上海、深圳、杭州、无锡等五个城市先行开展云计算服务创新发展的试点示范工作。2011 年，国家发改委、财政部、工信部批准国家专项资金支持云计算示范应用，支持资金总规模高达 15 亿元，首批资金下拨到北京、上海、深圳、杭州、无锡 5 个试点城市的 15 个示范项目。2012 年《"十二五"国家战略性新兴产业发展规划》出台，将物联网和云计算工程作为

中国"十二五"发展的二十项重点工程之一,云计算产业规模得到快速发展。

云计算其实早已深入我们的生活。当你使用电子邮箱发出一封网络信件;当你在自己的网络空间上传一段文字;当你点开朋友的相册;当你使用电子银行支付一笔交易时你就已经在云端了。通俗地讲,当你运用网络存储自己的资料,并简单运用网络的基础技术,你就参与到云计算中,享受到云服务带来的便捷。

2.云计算(cloud computing)的概念与特征:

(1)云计算的概念

对于云计算,目前没有统一精准的定义。狭义的云计算是指 IT 基础设施的交付和使用模式,指通过网络以按需、易扩展的方式获得所需的资源(硬件、平台、软件)。提供资源的网络被称为"云"。"云"中的资源在使用者看来是可以无限扩展的,并且可以随时获取,按需使用,随时扩展,按使用付费。这种特性经常被称为让我们随时随地使用 IT 基础设施。广义的云计算是指服务的交付和使用模式,指通过网络以按需、易扩展的方式获得所需的服务。这种服务可以是 IT 和软件、互联网相关的,也可以是任意其他的服务。所以近年来有一种新的说法,云计算本质上是提供给需要者云服务。

(2)云计算的特征

①规模庞大。提供网络服务的平台"云"具有超大的规模。企业私有云一般拥有数百上千台服务器。大型企业拥有的服务器更以百万计。"云"能赋予用户前所未有的计算能力。

②可靠精准。云计算是虚拟化(Virtualization)、效用计算(Utility Computing)、IAAS(基础设施即服务)、PAAS(平台即服务)、SAAS(软件即服务)等概念混合演进并跃升的结果。比普通计算机能提供更为复杂的精准服务。

③多租户。云计算不针对特定的应用,在"云"的支撑下可以构造出千变万化的应用,同一个"云"可以同时支撑不同的应用运行。一个服务程序或者资源池里的资源可以服务于不同的用户,用户之间相互独立。这也是大数据时代一个显著特征。

④按需服务。基于庞大规模的设备,完整准确的信息,用户完全可以按照自己的需要访问云资源,并在资源中获取所需资料。

⑤虚拟化。云计算支持用户在任意地点、时间使用各种终端获取应用服务。所请求的资源来自"云",应用在"云"中某处运行,用户无须了解、也不用担心应用运行的具体位置。只需要一台智能设备,客户就可以通过互联网服务

来实现需求,完成普通计算机不能完成的任务。

2. 教育云

(1)教育云的概念

云计算在教育领域中的服务称之为"教育云",是未来教育信息化的基础架构,包括了教育信息化所必需的一切硬件计算资源,为教育领域提供云服务。教育云打破了传统的教育方式,展现了全新的"互联网+教育"新理念。在现有教育体系中的运用越来越广泛,从教育教学、到学生学习管理、兴趣发展、娱乐活动的分享与互动为一体,让不同的主体,教育机构、教师、学习者、家长,甚至整个社会都可以根据拥有的权限和需求进行在同一云平台上寻找资源享受服务。

越来越多的企业追求云计算的商业价值,带动"云"的飞速发展。众多的教育机构认识到它可以引起教学手段、教育模式的深刻变革,有其独特的教育价值。云计算在教育领域的应用也随着国家的重视和技术公司的推广而迅速普及。目前我国教育云应用处于飞速发展阶段,但是众多云服务理念的实现与发展受区域经济水平和教育程度的影响而发展严重不均衡。研究机构主要以为高校和院校衔接提供服务的技术公司为主,集中在云计算在教育科研和教学管理中的具体运用。随着各级政府和教育部门对教育云的认识越来越深刻,投入资金和人力资源,教育云应用模式已经从最初的高等教育走向中小学及学前教育。

(2)教育云在我国的应用

2012年国家教育部发布的《教育信息化十年发展规划(2011—2020年)》明确提出建设国家教育云基础平台,要求充分整合和利用各级各类教育机构的信息基础设施,建设覆盖全国、分布合理、开放开源的基础云环境,支撑形成云基础平台、云资源平台和云教育管理服务平台的层级架构。同年,刘延东部长在关于全国教育信息化电话会议上确定了国家"三通两平台"教育信息化发展导向,即"宽带网络校校通、优质资源班班通、网络学习空间人人通",教育资源和教育管理两大平台全面应用。教育云基础平台的建设要充分整合和利用各级各类教育机构的信息基础设施,建设覆盖全国、分布合理、开放开源的基础云环境,以支持教育云资源平台和管理服务平台的有效部署与应用。

目前"三通两平台"建设正在处于一种转型阶段,由以技术构建为主转向以应用主导,完成教育信息化与学科深度融合。

2－1－1　三通两平台

（3）教育云的优势带来巨大改变

①教育云的方便迅捷已经彻底地改变了我们的学习生活。

学习者可以随时随地通过智能终端（个人计算机、智能手机、数字电视、智能佩戴装备等），借助互联网浏览存储学习资料，不必再借助 U 盘、电子邮件等烦琐操作。随着大数据技术的飞速发展，云服务也能更精准地为学习者提供便捷的接入点，智能推荐相关学习资源，提供给学习者个性化、多样化、均衡化的学习环境。为构建学习型社会，完成终身学习，充分发挥实现引领创新的重要作用。

②为现有教育体系的管理运行带来更为便捷精准的服务。

教育云的出现，促进传统教育教学模式转变，改变学习者的学习方式，提升教育教学管理水准。移动学习、慕课、翻转课堂、微课等新型学习模式广为人知。数字化、网络化、智能化的教育云服务对教育教学的科研、管理和评价体系提供更为准确科学的依据。

第一，教育主管部门主要通过云服务平台，准确接收学校基本信息、学生数据、教师信息、区域教学情况，及时进行教育行政事务管理等，并根据时实情况制定相应决策和教育发展规划。

第二，学校（院）通过教育云提供的管理服务，对本校（院）教学教务、学生信息、科研、图书馆等进行管理。学校只需根据本校需求定制相关服务，就可以享有教育云海量资源和教育信息管理功能等服务。在学生的学籍管理、学习评价方面有更大的优势。

第三,方便教师进行教育教学,为教师教研活动提供多种形式。为教师提供各种教学素材的资源极大丰富了教学手段,各种目标明确的教研活动更精准地为教师提供专业辅导。

第四,学生学习形式更为多样化。

(4)我国教育云存在问题剖析

①教育云承担的社会教育公共服务与商业模式的运作之间的矛盾。教育云的运营部门提供的有偿服务,使这些提供技术支持的商家追求更可观商业利润,而教育承担的更多社会职责,如何协调二者之间的平衡,缓解教育因地区经济状况产生的不公平,完成十九大提出的公平教育,成为现有教育云急需解决的问题。

②教育云缺乏统一标准,各自为政,造成同样内容反复开发,资源浪费严重。教育云应该是一种降低教育成本,提高学习效率,易于管理,便于操作,低成本,系统稳定,方便维护的服务系统。教育云的发展更为宏大,连通更为便捷,而不是成为一片片的"教育孤云"。而目前,尤其是针对学校提供的服务,由于利润的驱使,过分追求新技术新资源,频繁购置新的软硬件,造成国家财政负担。教育云发展过程中不应该过分追求资源的翻新,重点是整合资源,汇聚优质教育资源,各种资源间良好互动,按需交流,达成教育目标。

三、移动互联网

移动互联网,就是将移动通信和互联网二者结合起来,成为一体。是指互联网的技术、平台、商业模式和应用与移动通信技术结合并实践的活动的总称。

2013 年 12 月 4 日,工信部向中国移动、中国电信、中国联通正式发放了第四代移动通信业务牌照,中国移动、中国电信、中国联通三家均获得 TD－LTE 牌照,此举标志着我国电信产业正式进入了 4G 时代。

专家认为"4G 在信息化领域的应用将带来革命性的变化,这将深刻改变我们未来的生活。"4G 时代带来网络运行速度的大幅度提升,打开带有大量图片和视频的商业网站只需要短短一秒,下载超清影视只需要几分钟,高清视频通话不再卡顿,曾经被网线固定的大型网络游戏可以在更广阔的范围内实现,地铁、公交、列车上,甚至各大航空公司也在逐步开放空中网络,使游戏爱好者们可以上天入地地随时激战。导航应用利用 4G 网络已经开始探索"现实技术"了,我们依靠便捷的智能设备就可以使用摄像头提供实时的视频数据和它的位置或 GPS 信息。大容量的医用数据,例如医疗检测报告和高清手术画面等都可

以利用高速 4G 网络传输到世界上任何一个有移动网络的地方,这就让快速应急反应有了医疗专家的权威技术支持,从而争取抢救的黄金半小时,在一定程度上改变医疗水平的不均衡性。4G 网络将对通信产业链产生深刻影响,推动电子政务、电子商务、互联网等的快速发展。这意味着,我们可以实现高速下载、远程医疗、视频安全监控、智慧交通、突发事件的现场直播等多种应用。从 2013 年末至今,这些应用已经深入渗透我们的日常生活。比如,车主在家里就可以通过手机了解道路拥堵情况,甚至连接摄像头直接看路况视频,使出行变得更高效快捷;物流公司可通过网络掌握每辆货车、每个运单的运输轨迹,实现全程实时调度;年轻的父母利用手机就可以实时监测婴儿的起居饮食,这样的改变就在我们的身边,谁更关注科技的发展,谁就能更快地享受到科技为我们带来的便捷。

移动互联网高速快捷方便传播的特点也改变了传统的教育教学方式。教育的移动化成为现实。

1. 我国的移动教育

技术的变革带来教育形式的转变。最初坐在教室里面对面的面授教育;通过邮政服务为我们传递学习信息的函授教育;无线电为我们带来了广播教育,陈琳的《英语九百句》曾经是多少人学习外语的唯一方式;电视媒体的出现带来了电视大学,实现从函授到电视直播的质的变革;利用网络作为教育的介质,与传统教学方式融合,使学习摆脱了时间空间和内容的限制,成为具有这个时代特色的移动教育。

(1)移动教育的概念

随着信息技术的飞速发展,教育与信息化技术的融合,国外最先提出 M - Education 一词,即为现在广义的移动教育。

①相比较传统教学形式而言,移动教育可以定义为:移动教育是指在移动的学习场所或利用移动的学习工具所实施的教育,是依托目前比较成熟的无线移动网络、国际互联网以及多媒体技术,学生和教师使用移动设备(如手机等)通过移动教学服务器实现交互式教学活动。一个实用的移动教育系统必须同时兼顾学习者、教育者和教育教学资源这三个方面,将他们通过该系统有机地结合起来。

具体的操作形式一般为利用智能设备(包括手机、笔记本电脑、平板电脑)进行以下活动:

●移动教务:登录教务系统进行注册管理、排课管理、学籍管理、基本信息管理、教学计划、开课计划管理、选课管理、考试报名系统、成绩管理、教学评价管理、教材管理等。

●移动图书馆(信息库):直接查询图书、办理借阅手续、新书通知、逾期通知、下载、在线阅览等功能。

●校园日常政务:内部公文审批、紧急信息主动推送、邮件查看发布、公告发布等教育业现有办公系统。

●信息查询:学校对教师的教学活动通知;教师对学生的教学活动通知;学生对教师提出问题;教师对学生的问题浏览以及答疑;学生对考试分数的查询等直接在智能终端上查询。

●校园移动生活:在校园内的一卡通消费记录查询、余额查询、充值查询等;通过移动终端进行课程选择。

②相对于广义的学习而言,移动教育为学习者提供更为广泛的学习内容和庞大的数字化信息,为学习者提供随时随地的学习帮助的服务部门和商业机构都属于移动教育的范围。凡是以移动通信技术、利用图形视频技术和多媒体学习资源技术等做支撑,让有学习需求的人,能更为自由地使用智能终端设备,摆脱各种限制,完成自主开放式学习活动,均属于移动教育。

(2)移动教育的优势

根据中国互联网络信息中心(CNNIC)在京发布第 41 次《中国互联网络发展状况统计报告》,截至 2017 年 12 月,我国网民规模达 7.72 亿,普及率达到 55.8%,超过全球平均水平(51.7%)4.1 个百分点,超过亚洲平均水平 (46.7%)9.1 个百分点。全年共计新增网民 4074 万人,增长率为 5.6%,我国网民规模继续保持平稳增长,互联网模式不断创新、线上线下服务融合加速以及公共服务线上化步伐加快,成为网民规模增长推动力。手机网民规模达 7.53 亿,网民中使用手机上网人群的占比由 2016 年的 95.1% 提升至 97.5%;与此同时,使用电视上网的网民比例也提高 3.2 个百分点,达 28.2%;台式电脑、笔记本电脑、平板电脑的使用率均出现下降,手机不断挤占其他个人上网设备的使用。以手机为中心的智能设备,成为"万物互联"的基础,车联网、智能家电促进"住行"体验升级,构筑个性化、智能化应用场景。移动互联网服务场景不断丰富、移动终端规模加速提升、移动数据量持续扩大,为移动互联网产业创造更多价值挖掘空间。

世界范围内相比,据美国 Zenith 最新研究报告,到 2018 年,全球智能手机用户数量还将稳步上升,在这其中,中国为当之无愧的用户大国,其智能手机用

户数量将达到 13 亿人次,位居全球第一;位列第二的印度同样是人口大国,其智能手机用户人数为 5.3 亿人次,美国则排在第三名,其智能手机用户为 2.29 亿人次。这样庞大的频繁使用移动互联网的人群中,利用智能终端在碎片化时间中进行自主学习,实现扩大知识面,提高职业能力和个人素质的目标。因此,移动教育相对于传统教育有其独特的优势:

①学习设备的便捷性

任何一个可以连接到互联网的移动终端都可以成为学习的工具,使学习行为不受时间空间的限制。智能终端的开发成为这个时代的一大特征,为学习者提供各具特点又方便携带的学习设备。不同需求的学习者都可以根据自己的学习目标和财政状况选择适合自己的终端,使移动教育成为实现教育公平化的一种有效方式。

②学习方式的碎片化

随着科技的发展,各种功能强大的移动终端更为方便携带与使用,各种学习软件和辅助 APP 的诞生,也促使学习者利用碎片时间进行学习成为可能。从某种程度上改变了中国传统教育模式里"知其然知其所以然"的庞大繁复的学习方式,目标明确的针对性学习效果显著。虽然这一行为尚缺乏逻辑思辨能力的训练,但是在具体的工作中颇为有效。

③学习方式的灵活性

借助智能设备的软硬件飞速发展,移动学习在学习时间、地点、空间上更为灵活,减少局限性。在有网络的地方基本实现无空间局限的学习行为;移动教育以学习者的需求出发,一切以教育对象为中心,构建不同的虚拟学习环境,使知识的传播者与接受者之间沟通无障碍;大数据时代带来的学习信息反馈也更容易使教育者随时根据接受者的信息反馈进行教育内容和方式的改进,成为更契合不同特点的学习者的有效教育服务。

④移动教育的个性化

每个学习者都是独一无二的个体,"因材施教"在传统教育方式中仅仅依靠教师对学生特质的关注是很难取得成效的。移动教育针对多元化的学习者,利用大数据带来的综合信息,洞悉其需求,分析其学习方式和目标方向,精准制定学习目标,在学习内容、学习方式、学习设备的个性化选择中提供给学习者更多的尝试。目前在对企业的教育培训方面,很多商业机构已经具有足够的经验并取得了很好的效果。

⑤普及性

资料显示,我国有58%的手机用户通过互联网获取教育信息。从地域来看,我国移动网络信号覆盖包括西沙群岛在内的所有地区。这使教育的普及成为可能。

（3）移动学习

移动学习从广义上讲不是一件新鲜的事物,从人类有了语言、图形开始,伴随着有目标地进行信息的传递这个行为本身,就是移动学习的初始模型,伴随着文字和印刷术的产生,不再局限于固定环境的学习方式,就是移动学习的进步。但是我们这里阐述的移动学习,是伴随着互联网产生的移动教育模式里更为现代化的一种学习模式。

①移动学习的概念

随着移动教育 M－Education 的提出,移动学习 M－Learning 正成为一个多学科参与、多领域交叉、多主题综合的研究区域,也逐渐成为国内外教育技术领域的核心研究课题。我国移动学习研究始于 2000 年著名国际远程教育专家德斯蒙德·基更(Desmond Keegan)博士在上海电视大学 40 周年校庆上所做的报告,在其发表的相关论文《从远程学习到电子学习再到移动学习 》一文中,基更博士从远程教育的视角,根据学习形式、学习内容的不同,把远程学习分为三个阶段:远程学习、电子学习以及移动学习。近 20 年的发展,移动学习伴随着通信技术的飞速发展以及学习群体需求的变化,各级教育行政部门、大中小学以及各种商业机构,大力探索移动学习的可行性以及学习行为方式,现在已经形成全世界范围内的教育研究热点。

国内尚无关于移动学习统一的定义,黄荣怀教授在其 2008 年出版的专著《移动学习——理论·现状·趋势》中指出:"移动学习是指学习者在非固定和非预先设定的位置下发生的学习,或有效利用移动技术所发生的学习。"更为详尽一点的说明是,移动学习是指学习者在自己需要学习的任何时间、地点,通过互联网,利用终端智能设备,获取所需教育信息、教育资源、教育服务,单向或者通过与他人多向交流的模式进行学习的一种正在普及的学习方式。

②移动学习的特点

●简单便捷:操作方式简单,轻松实现检索、学习、传播知识的功能,摒弃烦琐的细节,转变传统教育的系统化的学习过程,轻量化、碎片化的学习,更高效地达到学习的目标。

●学习评价更直观:在大数据时代,通过对学员在线学习的数据分析、信息反

 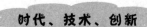

馈、经验分享等内容的追踪,轻松掌握学员的学习进度与效果;很多移动学习的平台均采用线上测评,并根据成绩进行学习结果测评,在线获得相应的技术证书。

●降低学习成本,减少教育投资:随着智能设备的普及,越来越多的学习者可以凭借手机随时随地进行,减少了教育机构进行大规模的终端设备的建设,减少教育投入,减轻政府负担;各种优质教育信息的不断融合整合,减少了重复开发教育资源,节约人力物力。

●学习方式的共融性:各国教育界在实践的过程中,都明确认为,只有将传统的教学与信息时代的移动学习合理地结合起来,才能取得更好的学习效果。移动学习并不是孤立的,它可以与传统教学方式融合,既可以发挥教师的引导、教育、启发、监督、评价的作用,又能充分发挥学习者在学习过程中的主动性,保持良好学习兴趣,发挥学习者的积极性和创新性,相辅相成完成知识的吸收与反馈。

③移动学习的技术支持

移动学习需要的技术支撑由互联网、无线移动通信、智能终端设备构成。随着科技的发展,高速、智能、功能强大、携带便捷的移动设备会更为普及,为移动学习开辟更为巨大的发展空间,也会带来更为优质的移动教育服务,开辟一个新的自主学习时代,实现全球同步,每个个体都成为主动的学习者,对传统教育机制、教学手段、教学模式、教学方法都产生巨大冲击,引起根本性的转变,使全民教育成为可能,让任何一个学习者,在全世界任何一个有互联网的地方,都能接触世界上开放的最高水准的教育,获取最新的科技教育资讯,让终身教育成为现实。

2.我国移动教育的发展

(1)政府的重点扶持

2015年7月,国务院印发的《国务院关于积极推进"互联网+"行动的指导意见》中的"重点行动"中指出:"探索新型教育服务供给方式。鼓励互联网企业与社会教育机构根据市场需求开发数字教育资源,提供网络化教育服务。鼓励学校利用数字教育资源及教育服务平台,逐步探索网络化教育新模式,扩大优质教育资源覆盖面,促进教育公平。鼓励学校通过与互联网企业合作等方式,对接线上线下教育资源,探索基础教育、职业教育等教育公共服务提供新方式。推动开展学历教育在线课程资源共享,推广大规模在线开放课程等网络学习模式,探索建立网络学习学分认定与学分转换等制度,加快推动高等教育服务模式变革。"

教育部印发的《教育部2016年工作要点》中明确要求:"加快推进教育信息化。印发《教育信息化"十三五"规划》,加快推动信息技术与教育教学融合创新发展。大力推进'三通两平台'建设与应用。完善偏远农村中小学信息化基础设施建设。深入开展'一师一优课、一课一名师'活动,加快推进'网络学习空间人人通',提高师生信息素养,普及信息化教学常态应用。完善国家教育资源公共服务体系。充分利用市场机制建设在线开放课程等优质数字教育资源,推进线上线下结合的课程共享与应用。推动教育信息管理系统的整合与应用。落实信息安全等级保护制度,提升信息安全保障能力。"

（2）移动教育服务分类

截至 2017 年底,我国目前移动教育研究涉及的人群,包括学龄前儿童,大、中、小学在校学生,接受职业技能培训与职业水准评定的人群等。根据学习目的不同,各种移动学习软件如雨后春笋般充斥整个教育市场。根据功能,主要有以下几种:

●知识汇总型:这类软件内容包罗万象,从课本知识到社会习俗,从育儿指南到涉猎各种学科,以及学科融合的数字信息。既有帮助提高专业技术知识的针对性强的软件,也有以提升民族基础素质的杂类软件。

●考试工具型:有针对在校学生的阶段性测试为主的软件,也有服务于各种职业技能评定的软件,如律师资格考试、教师资格考试,还有为出国进修语言考试过关的辅助软件,等等。这类软件在大数据基础上更为精准地为有目的的参加考试人员提供帮助,学习效果明显。

●管理模式型:主要功能针对教育机构提供便捷的管理模式,比如目前在幼儿园、大、中、小学校存在的校园信息化管理的软件。

●构建社区型:通过软件,将具有共同目标或相近目标的群体、研究机构、商业机构联系起来,成为一个有良好互动、信息反馈及时的社区。目前很多校园网都以此为基础在不断探索创新。

●服务平台型:以匹配为核心功能的教育服务软件,比如以师生为服务群体的 O2O（Online To Offline,是指将线下的商务机会与互联网结合,让互联网成为线下交易的前台）;或以学习者和教育者为主体的 B2B2C（一种电子商务类型的网络购物商业模式,C 是 CUSTOMER 的简称,第一个 B 指的是商品或服务的供应商,第二个 B 指的是从事电子商务的企业,C 则是表示消费者）平台。

（3）发展趋势

现有移动教育的各种产品,已经形成一个以学习应用、学习系统、反馈互动体系、管理体系为一体的移动教育体系。这个体系依赖于通信技术发展和人类对教育认知的不断更新,全世界范围内关注研究移动教育的机构越来越庞大。

针对目前存在的移动教育更为适合轻量化、碎片化学习的特性,缺乏系统化学习和深度逻辑思辨能力的培养的现状,利用移动教学在深度学习中发挥作用成为未来的研究重点,改变教育的呈现方式,改变知识的拓展性,注重学习者思维能力的培养,促进学生动手能力的增强,都是未来移动教育的发展方向。

四、在线教育

在线教育,也称为在线学习,是一种基于网络的学习行为,基本就是在网络上接受某种目标的培训。课程形式以视频教学为主。教与学能随时随地地结合在一起,突破传统教学模式的按章进行,获取知识的途径灵活多样。

1. 在线教育的起源

(1)美国的可汗学院

可汗学院是在线教育的最初模型。由孟加拉裔美国人萨尔曼·可汗创立的一家教育性非营利组织。萨尔曼·可汗毕业于麻省理工学院,大学双修数学和电机电脑工程,拥有硕士学位,工作后读了哈佛的 MBA 课程。最初他是为了帮助在远方的亲人,通过拍摄视频教学指导学习,并将视频传入互联网,随着视频点播次数的飞速增长,可汗受到鼓励,辞去工作,全力进行视频课程录制的工作,拥有独立网站,主旨在于利用网络影片进行免费授课,现有关于数学、历史、金融、物理、化学、生物、天文学等科目的内容,该机构的最初使命是加快各年龄段学生的学习速度。并于 2009 年获得微软教育奖,2010 年获谷歌的一百次方计划教育项目的两百万美元资助,并获比尔·盖茨夫妇的慈善基金捐助的五百万美元。有了资金的资助,可汗学院的发展更为活跃,目前授课视频已经拥有西班牙语、法语、俄语、汉语等十余种语言,成为全球学习者的宝贵资源。

(2)可汗学院的教学风格

①可汗学院的最初每段视频课程的时间为十分钟左右,课程的设计由简单到复杂,科学地衔接起教学内容。每门课程下面还设有难易程度不同的精细化划分,让初学者到深入研究者都可以轻松找到相关难易程度的教育资源。开始课程学习以后,已经进行的课程和未完成课程在页面均有不同的明显标记。

②可汗老师授课范围很广,从数学、物理、化学一直到理财。但是他本人从来不出现在视频里,而是借助一块电子黑板,进行授课。可汗学院有自己独特的练习系统,记录学习者的完整学习记录,能及时发现问题并进行反馈,使课程的优化得以顺利完成。

③传统的学校课程中,为了配合全班的进度,教师会以多数学生达到一定

水准作为继续授课的标准,无法顾及不同个体的学习效果,可汗学院的系统,则让学生彻底搞懂每一个基础观念之后,再继续进行有效教学,进度类似的学生可以重新成为一个学习团体。

④内容架构的合理化。这种构架的合理化不只是在授课过程中,注重知识与实践的结合,更是可汗学院这种利用新的技术与传统教学相结合,构建一个新的、合理的、有效的教育平台。

(3)可汗学院的深远影响

萨尔曼颠覆了传统教育中教师与学校的职能,课堂变成了利用科技的力量进行人性化教学的场所,让课堂变得有趣。在接受《第一财经日报》采访时,萨尔曼说:"在传统模式下,大部分老师的时间花费在备课和评级上,也许只有5%的时间用在和学生相处,辅导他们学习,而现在学生在家学习,在课堂上讨论、练习、解疑,教师百分之百的时间都和学生在一起。"萨尔曼和他的团队不断更新和分析知识结构图,找到逻辑,进行计算机编程,推出一个类似游戏通关的检测系统,"编出你所需要的问题,直到你弄懂,直到你拿到10分,所有的视频都是这样,如果你不知道怎样做的时候,你会得到提示,实际解决问题的步骤,模式是很简单的,满10分、继续,进入到更高级的单元。"鼓励去试验尝试,鼓励去失败,但要求达到精通,就是这个系统的精髓。系统里有能量点数、荣誉徽章的激励措施,对每个人而言,教育都应该因材施教。

可汗学院始终坚持非营利性经营方式,所有资金均来自慈善捐款。萨尔曼多次表示:"很多人听到我的课程,我收到反馈,非常满足。对于任何人、任何地方,教育都是公平的,一流的教育对所有人开放。非营利组织是最有可能保证我的概念在一百年或两百年之后仍然存在的模式。"

2012年4月,《时代周刊》评出了当年影响世界的百人榜,萨尔曼位列第四,比尔·盖茨评价道:"他是将科技应用于教育的先锋,他开启了一场革命,开启了以视频资源为主的教育新模式。"

2.在线教育网站

越来越多的投资者关注在线教育的未来前景。目前国内在线教育市场不仅有巨头公司的倾力支持,小型科技公司也寻找突破口,国外的在线教育经营模式也迅速进入国内市场。

(1)网易云课堂

网易云课堂,是网易公司打造的在线实用技能学习平台,该平台于2012年12月底正式上线。网易云课堂立足于实用性的要求,网易云课堂与多家教育、

培训机构建立合作,涵盖实用软件、IT 与互联网、外语学习、生活家居、兴趣爱好、职场技能、金融管理、考试认证、中小学教育、亲子教育等十余大门类。用户可以根据自身的学习程度,自主安排学习进度。

从资源运作来讲,网易云课堂属于 B2B2C 平台型。综合性课程学习平台,通过精选国内外优秀课程,向用户提供从"观看视频—做课程笔记—答疑解惑—题库练习"整套闭环体验。

网易云课堂有 PC 电脑网页版和智能终端 APP 版。

以下我们给大家展示一下网页版的使用过程。

2-1-2　网易云课堂

2-1-3　网易云课堂

2 - 1 - 4　网易云课堂

网易云课堂的特点：

课程选择严格：精品课程多数来自被认证的教育机构和专家学者，授课质量有保障。

互动灵活：每堂课设有讨论区，讨论区又分为综合讨论区和老师答疑区，学习者可以与教师和同学有良好互动。

（2）中国大学慕课（MOOC）

中国大学 MOOC（慕课）是由网易与高教社"爱课程网"合作推出的大型开放式在线课程学习平台，上线于 2014 年 5 月，它联合北京大学、复旦大学、浙江大学、新加坡国立大学、微软亚洲研究院等 211 所知名高校和机构推出上千门精品大学课程，让每一个有提升愿望的用户都能在此学习到中国最好的大学课程，并在合格完成学习的时候获得相关的证书。承接教育部国家精品开放课程任务，汇集国内最好的高校（985 高校，包括北大、浙大、复旦等）优质课程，将课程和教学过程以 MOOC 的形式发送到互联网上，是官方承认的唯一中文 MOOC 平台。

①其发展过程

表:2-1-1 中国大学慕课发展

时间	发展大事记
2014 年 5 月 8 日	中国大学 MOOC 上线
2014 年 8 月 13 日	浙江大学翁恺老师的《C 语言程序设计》选课人数首破 5W
2014 年 9 月 17 日	用户人数超过 100W
2015 年 3 月 27 日	学校云上线
2015 年 4-5 月	安卓与 iOS 端 APP 上线
2015 年 12 月	用户数突破 400W,选课人数超过 700W,合作院校超过 70 所
2016 年 5 月	中国大学 MOOC 上线大学选修课,课程证书可以抵换大学学分
2016 年 8 月 31 日	30 万奖学金争霸赛活动推出
2016 年 9 月 12 日	移动端测验作业版本发布,用户可以方便地在移动端完成测验作业

②按其使用者不同分为三个服务系统:

高校管理系统:提供管理学校信息、开设课程、开设学期、运营学期等完善的教务功能,同时提供了学生管理、教师管理等便捷的管理功能。

教师发布系统:教师发布系统为教师和助教提供强大的教学功能。包含高效简洁的课程内容发布系统、多样化的教学工具、强大的数据反馈、分析和管理功能。

用户学习系统:为学习者提供完整的学习体验:课件、视频、测验与作业、教师答疑、课后讨论等;极为丰富的在线学习形式:多倍速视频、自动判题系统、计算机 OJ 系统、同伴互评等;多终端的随身学习支持:Web 端体验完整学习,移动端更方便利用碎片时间进行反复学习。

2-1-5 中国大学 MOOC

2-1-6 中国大学 MOOC

2-1-7 中国大学 MOOC

时代、技术、创新

2-1-8　中国大学 MOOC

(3)玩课网

玩课是基于 MOOC 理念,以培养学生能力为目标的院校交互式翻转课堂教学平台。对于普通用户,玩课可以提供各类优秀课程供学习。对于签约学校的师生,玩课以线上微课教学和线下课堂互动相结合,将线上学习纳入教学考评体系,实现师生实时互动、课程测验、分数考评、个性化学习体验等全系列课程运营服务。

2-1-9　玩课网

2-1-10　玩课网

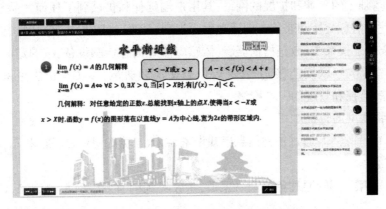

2-1-11　玩课网

以上我们介绍的是偏于为高校或职业培训提供系统教学的在线课堂,还有

很多以知识、兴趣分享的在线教育类网站,比如果壳网、知乎、豆瓣等知名网站。这些网站以一种全新的方式激发人们分享他们各自擅长或喜爱的知识、经验信息。大量碎片化的信息不断地通过不同人群的交流探讨,经过大量的点击形成方便复制、利于传播的、可供探索的互联网化信息,构建知识与智慧的新平台。

五、物联网

物联网技术是计算机技术、互联网技术和移动通信技术之后信息产业的又一次新技术革命。

物联网一词最早由宝洁公司的英国工程师凯文·艾什顿(Kevin Ashton)在一次演讲中提出。他是宝洁公司的品牌管理员,在零售店巡视时,他发现一种产品在店铺总是售罄的状态,而公司库存却很充足。在十家店铺中,有四家出现这样的状况。当时零售商是利用条形码进行库存管理,但是却不能解决如何在货架上摆放热销的商品。因为当时的技术,条形码无法追踪货物本身的位置。凯文·艾什顿针对这样的情况,觉得如果在口红的包装中内置无线射频识别技术(RFID)并借助无线网络随时随地接收芯片上传来的数据,那么公司随时就可以掌握零售商品的补货问题。因此他在公司内部讲座中提出了"Internet of things"这个词,提出移动互联技术可以使得万物相连。

1. 物联网的概念

物联网其英文名称是:"Internet of things(IoT)"从字面上理解,物联网就是物物相连的互联网。百度词条指出,物联网的核心和基础仍然是互联网,是在互联网基础上的延伸和扩展的网络;其用户端延伸和扩展到了任何物品与物品之间,进行信息交换和通信。即通过射频识别(RFID)(RFID+互联网)、红外感应器、全球定位系统、激光扫描器、气体感应器等信息传感设备,按约定的协议,把任何物品与互联网连接起来,进行信息交换和通讯,以实现智能化识别、定位、跟踪、监控和管理的一种网络。

2. 物联网的特征

(1)全面感知:通过各种信息感知设备,将人与物的身份、位置、状态等信息采集。

(2)广泛互联:通过各种网络渠道,将收集到的有效信息汇总起来,进入信息中心。

(3)智能处理:物联网的对象是物品,收集这些物品信息包括各种不同的传感器,不同类型的传感器收集的信息也就会有千差万别,应该及时准确有效地对所有信息进行更新处理。

（4）自动控制：通过对物体的智能处理，使物体具备智能性能，可以与用户进行主动或被动的沟通。

3. 物联网的发展

1999年，在美国召开的移动计算和网络国际会议提出"传感网是下一个世纪人类面临的又一个发展机遇"。会议上提出"物联网"这个概念是1999年MIT Auto-ID 中心的 Ashton 教授在研究 RFID 时最早提出来的，即结合物品编码、RFID 和互联网技术的解决方案。

2003年，美国《技术评论》提出传感网络技术将是未来改变人们生活的十大技术之首。

2005年11月17日，在突尼斯举办的信息社会世界峰会（WSIS）上，国际电信联盟（ITU）发布《ITU 互联网报告 2005：物联网》，引用了"物联网"的概念。物联网的定义和范围已经发生了变化，覆盖范围有了较大的拓展，不再只是指基于 RFID 技术的物联网。

2009年初，奥巴马就任美国总统后，与美国工商业领袖举行了一次"圆桌会议"，作为仅有的两名代表之一，IBM 首席执行官彭明盛首次提出"智慧地球"这一概念，建议新政府投资新一代的智慧型基础设施。同年，美国将新能源和物联网列为振兴经济的两大重点。

2009年6月，欧盟委员会提交了《欧盟物联网行动计划》；同年8月，日本提出了"智慧泛在"构想；同年8月，中国温家宝总理在视察中科院无锡物联网产业研究所时，对于物联网应用也提出了一些看法和要求。同年10月，韩国通信委员会通过了《物联网基础设施构建基本规划》。

2010年3月，温家宝总理在政府工作报告中，将物联网的研发应用纳入重点振兴产业，提升为国家战略，开启了中国物联网元年。

4. 物联网的体系构成

（1）信息感知层：感知层由各种传感器以及传感器网关构成，包括二氧化碳浓度传感器、温度传感器、湿度传感器、二维码标签、RFID 标签和读写器、摄像头、GPS 等感知终端。感知层的作用相当于人的眼耳鼻喉和皮肤等神经末梢，它是物联网识别物体、采集信息的来源，其主要功能是识别物体，采集信息。

（2）网络传输层：传输层是物联网的神经系统，负责将感知层获得的信息进行智能处理，网络层由各种局域网络、互联网、有线和无线通信网、网络管理系统和云计算平台等组成。

（3）应用层是物联网和用户（包括人、组织和其他系统）的接口，它与行业需求结合，达到智能应用的目标。

2-1-12　物联网系统的体系结构

5.物联网技术对教育的影响

科技的进步对教育行业的影响不仅是教学工具的改变，教学方法的多样，教育模式的转变，更重要的是如何在百年教育大计中，实现教育与科技的稳步结合，在科技影响教育的同时，教育也为科技的飞速发展带来机遇。物联网产业飞速发展，势必将渗透到教育领域。互联网时代带来的新型教育方式，使知识的传授突破了一间教室的局限，借助在线教育，使受教育群体可以无限大，但是随之产生的优质教育资源的广泛传播与使用，是否能解决学生个体存在的差异，因材施教如何得以实现，这成为物联网时代急需解决的问题。

物联网中的"物"已不仅仅是一个具体的物品的概念，更多人的意识与行为、选择与习惯等可被数字化的内容均可纳入"物"的范畴，成为一个广义的"物"。物联网的发展使得这些原来无法获取的内容现在能够获取并整理归类，在使用各类智能终端过程中，这些抽象的行为、习惯等可以被跟踪到，并转化为数字化的形式。你会发现，今天你在搜索引擎里搜索的词条，很多信息马上会在不同的应用软件中率先进入你的视野，这就是大数据时代带来的巨大变化。这种商业的应用模式已经渗透到我们的日常，从某种程度上简化方便了我们的日常工作与生活。如何将物联网技术应用到在课堂环境中，如何采集包括学生的学习习惯、学习过程、知识掌握的情况的信息，如何通过交互终端进行分类跟踪,形成的有效信息以数字形式存储,加上大数据的分析,得以挖掘每一学生的学习规律,从而实现精细化和个性化的教学。

从教学硬件来看,英特尔公司智慧课堂中有专门的设备管理"物联网区",主要实现课堂能源管控、灯光调整、视力保护等功能。目前借助可穿戴设备可以追踪到学生的基本健康情况,就可以针对性地进行预防大规模传染疾病的扩张,也可以针对个体进行相应的身体素质的提高训练。

另一方面,智能校园到智能教育之间还有很大一段距离。改变某一项指标很简单,但是如何构建一个符合所有需求的教育模式,还需要整个社会的努力。实现数据驱动的物联网应用,首先需要采集海量的数据,当前智慧教育中能够采集到的数据还在逐步发展,目前并没有完全符合个性化教育的需求模式。物联网技术促进各行业转型正在加速,随着物联网商用的成熟,教育领域应用物联网的案例和成果会越来越多,相信"互联网＋教育"会在传统教育转型中发挥关键作用。

第二节　情境感知技术在教育中的探索

情境感知(Context Awareness)技术简单说就是通过传感器及其相关的技术使计算机设备能够"感知"到当前的情境。借助手机或其他可穿戴设备,采取数据进行分析,从人、环境、行为三个维度对用户进行分析,从而让移动设备可以得出当前是谁在什么环境正在做什么,为用户构建情境,为用户提供有针对性的指导或建议。

情境包括计算情境、用户情境以及物理情境,包括这三者在时间轴上的变化。计算情境是指网络连接以及相关设备等信息;用户情境包罗万象,包括用户的位置、社会关系、行为习惯、健康指标等内容;物理情境指与环境有关的指标,包括温度、光线、噪音、自然环境、交通状况等等内容。情景感知技术的发展使信息的收集整理变为主动性行为,并进一步感知情境,改变传统的人机交流系统,为用户提供更为人性化的服务。

一、触控技术

触控技术已经渗入到我们的生活。银行自助取款机,大型商场的地图指引、图书馆的资料查询、医院的就诊导航、都是触控技术的体现。触控技术有单点触控与多点触控,随着智能手机的普及,触控已经与日常生活工作密不可分。

1. 触控技术的概念

触控技术也叫触摸控制技术,摒弃了传统的按钮,代之以手指或笔尖直接接触设备屏幕上的功能区进行操作。触控技术利用人机交互界面与硬件设备,实现在没有鼠标、键盘这样传统输入设备的情况下进行人机交互操作和信息交流的一种现代化信息技术。

触控技术带来在操作上的转变,改变了我们已经习惯在电脑上利用鼠标和键盘进行剪切复制粘贴等操作形式,触控技术带来的自然手势交互方式让操作更为简单。

2. 多点触控技术

多点触控(Multi – Touch)又称多点触摸、多重触控、多点感应、多重感应等,是指借助光学和材料学等技术,构建能同时检测多个触点的触控平台,使得用户能够运用多个手指同时操作实现基于手势的交互,甚至可以让多个用户同时操作实现基于协同手势的交互。

相对于每次只能识别一个手指感应的单点触控模式,多点触控在手势、手绘轨迹辨识技术与触控板硬件设备方面、在操作方式和体验感上都要比单点触控更先进,人机互动感更强更便捷。目前,多点触控技术多被应用于电视读报、楼盘展示、博物馆介绍、会展等商用显示和触摸市场。

3. 触控技术在多媒体教学一体机上的功能

多点触控技术已经进入到教育领域,多媒体教学一体机已经在全国中小学普及。这种新型的学习工具改变了传统教学手段,深受师生喜欢。多触控电子白板是在传统的电子白板上发展而来,具有便利、直观、互动性强等特点。其优越于传统电子白板的地方就是使用的"傻瓜化",几乎不需要使用前培训就可以在使用过程中获得想要的效果,操作更为智能。

2 – 2 – 1　多媒体教学一体机

其主要功能简单介绍如下：

（1）交互功能：触控笔可以替代传统应用的鼠标，并且使用方便。教师既能够实现普通的书写，同时还能够通过触控来实现对计算机的操作，多媒体触控一体机上书写可在计算机上同步显示和储存功能。

（2）书写功能：具有多种书写效果的，具有在各种界面中书写、标注的功能。

（3）放大功能：可对课堂教学过程中的重点内容提示部分进行放大，以利于引起学生的注意，对重点看得更清楚，有助于改善相互交流的效果。

（4）探照灯功能：需要对一些内容做重点标注，探照灯功能够以标亮的方式将其突出显示，同时屏蔽其他内容，突出重点。

（5）画图功能：利用画图功能，可直接在白板上画出各种规范的圆、直线、矩形等图形，准确、简洁，提高了画图的速度及效果。

（6）黑板功能：能够提供多种功能界面供教师书写使用，黑板功能有助于教师传承传统，实现传统教学与现代技术条件下的教学的平缓衔接过渡。

（7）回放功能：对课堂内容进行随时回放，其一可以使教师进行课堂教学的回顾与总结；其二可以使教师在课后通过回放功能对课堂教学进行反思。在教研活动中，利用对课堂的回放可以有效地对教师的教学活动进行评价和有针对性地提出建议。

（8）存储功能：具有强大的存储功能，常用的有教学资源、注释文件、图文件、声响动画文件等内容存储在硬盘当中，使教师在网络连接不好的时候也能获取教学资源。

4.触控技术在教育领域里的应用

触控技术在教育领域运用的优势：

（1）情境技术对建构学习环境能给予有效帮助。多点触控使教学平台变得更为简单，有效改变传统教学方式，只需要简单的手势就可以进行教学设置的操作，以文字、图像、声音等要素建构出不同的学习情境，有助于提高学生的学习兴趣，师生之间的互动更为融洽和谐。

（2）手势交互增加学生课堂注意力，增强教师的教学感染力，提高课堂学习效率。学习的方式更像游戏，寓教于乐，对低年级的学生的吸引力更为巨大。有助于养成良好学习习惯。

（3）多点触控可以实现合作学习，实现多点操作或多用户操作，增加学生之间的互动，使学生在学习的过程中体验到团队合作的优势，互相取长补短，培养学生的团队精神。

多媒体教学一体机在教学应用中存在的问题：

（1）教师在课堂教学中运用触控白板的程度不同。年轻教师使用较为频繁，年龄偏大的教师在教学过程中使用新技术的意识不强，有"新技术只是新形式，新瓶装老酒"的偏见，操作技能上的生疏也使这些教师不愿意使用触控白板。

（2）利用多媒体教学一体机进行教学需要新的教学理念与设计，很多教师在教学设计上没有改变，无法最大程度发挥新技术对教学的深度影响。多数教师在使用过程中只是简单将一体机作为显示工具，没有取得预期的改变课堂学习以教师为主体的教学模式。

（3）一些外部硬件条件制约着新技术在课堂教学中的应用。网络运行条件、新技术使用的前期培训与后期的技术支持都还在探讨阶段，这些因素都影响一体机在教学中发挥的作用受到限制。

二、语音技术

利用语音直接说话下命令，代替按键、触摸屏，是人与智能终端更自然的体验。语音技术使机器具有人的听觉和语言能力。

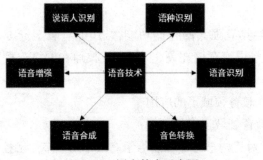

2-2-2 语音技术示意图

1.语音技术分类

（1）语音识别技术：语音识别技术即为自动语音识别技术，Automatic Speech Recognition(ASR)。将人类的语音中的词汇内容转换为计算机可以识别的输入，语音识别技术已经在生活中到处可见，语音拨号、语音导航、室内设备控制、语音文档检索、简单的听写数据录入等。很多更为复杂的应用都是以语音识别为基础的，比如各种语言实时翻译。语音识别技术所涉及的领域包括：信号处理、模式识别、概率论和信息论、发声机理和听觉机理、人工智能等等。

（2）语音合成技术：语音合成是通过机械的、电子的方法产生模拟人声语音的制造技术。TTS 技术(又称文语转换技术)隶属于语音合成,它是将计算机自己产生的,或外部输入的文字信息转变为可以听得懂的、流利的汉语口语输出的技术。

语音识别与合成两项技术,是建立人机交互,让智能终端可以像人一样听和说,建立一个能听会说的语音系统的必须。

2.语音技术的发展

语音技术国外发展比较早,20 世纪 50 年代,AT&T Bell 实验室研发的 Audry 系统第一个实现了可识别十个英文数字。60 和 70 年代,提出了线性预测分析技术(LP)等相关理论并深入研究,创造出可以实现特定人孤立语音识别系统。随着智能手机的发展,苹果公司的 siri 系统进入大众视野,成为语音技术的一个标志。我国的语音技术开始的比较晚,但是作为一个大型的应用市场,国内外对中文语音技术非常重视,汉语独特的结构也成为研究的重点。国内相关机构在进行研究的同时注重商业发展,试验产品走向市场更为迅速。科技公司在语音技术方面的发展,已经使我们在生活中广泛运用到语音技术。利用语音进行简单的指令下达,智能终端会做出正确判断和反应,广泛应用在政府机构、航空公司、医疗机构、金融机构、物流行业等等。

3.语音技术需要解决的问题

(1)进一步提高在各种情境中的可靠性。目前的语音系统对不同环境影响下的识别有一定的差别性,周边声学环境的因素、人类语言的随意性、情绪对声音的影响都对识别系统造成一定的识别困难。

(2)可以识别的词汇量不足。语言的多样性造成识别过程中出现误差,需要改进建模系统提高搜索算法的效率来做到词汇量无限制和多重语言混合,减少词汇量对语音识别系统的限制。

(3)终端设备微型化。

4.语音技术对教育的影响

(1)语音技术在以少数民族母语与汉语两种语言教学中改变了传统的教学方式。我国民族双语教学种类主要有蒙汉、维汉、藏汉、朝汉等,这些双语教学中,一般是以母语进行部分学科的教学,以汉语进行部分或全部非语言类学科的学习,目前国内双语教学的质量无法与普通教学相比,缺乏高质量的教学资源是一个主要问题。利用语音技术开发的智能语音教材的出现,能更为有效地进行课堂教学。取代了传统双语课堂上常用的磁带和光盘,智能语音教材存储量更丰富,发音清晰准确,操作简单便捷。即点即读,课堂带读解决了授课教师

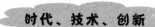
发音不准的问题,学生在学习的过程中接收更准确科学的教育知识,同时能减轻教师的工作压力;即点即译更可以帮助汉语基础差的少数民族学生,使学生在没有教师的时候也能自己进行自主学习。

(2)语音技术优化教学情境。智能语音教具改变了教师备课的形式,开启教师自制语音课件,使课堂更为生动,能够激发学生的学习兴趣,符合学生的思维形式,强化双语学习。

(3)智能语音有助于帮助学生学习第二种语言。这种陪伴式的工具,在语言的学习中更为有益。儿童时期是智力与语言能力发展最快的时期,越早接触其他语言学习,效果越好。

(4)语音技术广泛应用于外语口语测试。人机对话的考试方式成为越来越流行的外语口试方式。能够在短时间内得出客观公正、高质量、高稳定型的考试分数,大大减少了老师的评分量,解决了口语考试组织难,评分难等问题。

(5)对于普及普通话的帮助。中国地域辽阔,方言众多,智能语音可以有助于帮助改变方言的影响,普及标准普通话。

三、数字图像处理技术

人类主要借助声音和图像来传递信息,而在人类接受的信息中,听觉信息占20%,视觉信息占60%。所以在传递信息的过程中,图像蕴含的内容十分重要。

数字图像图像处理,是人工智能的一个重要领域,随着科技公司在图像识别领域的大力推进,图像识别技术获得了越来越广泛的应用。

1.数字图像处理的内容

(1)图像数字化:图像数字化是将模拟图像转换为数字图像。图像数字化是进行数字图像处理的前提。图像数字化必须以图像的电子化作为基础,把模拟图像转变成电子信号,随后才将其转换成数字图像信号。

(2)图像增强:突出图像中需要的信息,而减弱或者去除不必要的信息。它是一个失真的过程,需要有目的地改善图像的视觉效果,针对不同的场合。

(3)图像复原:主要是针对图像成像过程中的"退化"而提出来的,而成像过程中的"退化"现象主要指图像的成像系统受到各种因素的影响,诸如成像系统的散焦、设备与物体间存在相对运动或者是器材的固有缺陷等,导致图像的质量不能够达到理想要求。图像的复原和图像的增强。存在类似的地方,它也是为了提高图像的整体质量。但是与图像复原技术相比,图像增强技术重在对比度的拉伸,其主要的目的在于根据观看者的喜好来对图像进行处理,提供给观看者乐于接受的图像。

(4) 图像编码:也叫图像压缩,是指在满足一定质量(信噪比的要求或主观评价得分)的条件下,以较少比特数表示图像或图像中所包含信息的技术。对经过高精度模 – 数变换的原始数字图像进行相关处理,去除信息的冗余度;然后,根据一定的允许失真要求,对去相关后的信号编码即重新码化。

(5) 图像重建:重建是从数据到图像的处理,也就是说输入的是某种数据,而处理结果得到的是图像。该处理典型的应用是 CT 技术。图像的重建的主要算法有代数法、迭代法、傅立叶反投影法、卷积反投影法等,其中卷积反投影法应用的最为广泛。

(6) 图像分析:对图像中的不同对象进行分割、分类、识别、描述和解释,也称作图像识别,图像分析可以认为是图像处理的高级阶段。图像分析主要研究的是使用机器分析和识别周围的视觉图像,从而得出结论性的判断,用于指导进一步的动作,这实际就是人类视觉系统的模拟,也是人脑各种功能模拟中最困难的领域。图像识别包括诸如条码识别、生物特征识别(人脸识别、指纹识别等)技术、智能交通中的动态对象识别、手写识别等。可以说,图像识别技术就是人类视觉认知的延伸。随着计算机技术的飞速发展,图像识别的水平也明显提升,在日常工作中解决实际问题。

2. 数字图像技术的优势

(1)图像表现能力强。利用图像识别智能化处理技术对图像处理后,能够根据人眼观看物体的特征,将图像的目标特征进行突出反映,从而满足人们对图像信息的实际需要。在处理过程中,能够对图像进行有效还原,保证图像具有较高的像素。

(2)图像精度高。经过数字化处理的图片精度较高,精度高对于遥感技术来说非常重要。精度评价必须客观地通过某种方法,定量地将一幅图像和另一幅同一区域的参考图像或其他参考数据进行对比。

(3)信息压缩潜力大。图像压缩是为有效进行图像存储、处理和传输,它是用尽可能少的数据来进行图像的存储和传输。图像数据是可以被压缩的,允许图像编码有一定的失真。大多数情况下,并不要求经压缩后的图像和原图完全相同,而允许有少量失真,只要这些失真在工作目标允许的范围内就可以。被允许的失真越多,图像的压缩效率就越高,图像的数据有一定的多余性,失去一些不相关的细节也不会对图片的用途造成影响,因此,压缩图片信息可以大大

的节省存储空间,节省传输时的信道容量。同样大小的处理图像,就可以包含更多涉及安全隐秘的内容。

3.图像处理技术的应用范围

图像的智能化处理技术在随着计算机技术的飞速发展,自身也在飞速发展,图像技术在医学领域、工程建设领域、影视娱乐领域、商业领域、航空航天领域、通信工程领域、军事安全领域、工业制造领域都发挥了重要作用。

(1)医学

医学技术的快速发展,离不开对计算机图像识别智能化处理技术的有效利用。该技术手段在医院领域的应用,能够对各类染色体进行识别,从而使医生能够对病人的病情进行更好的判断和分析。同时,像心电图、彩超、超声波图像处理技术的应用,也需要依靠于计算机图像识别智能化处理技术。

(2)建筑工程

在工程建设方面,如:输电线路的铺设、设备零部件的质量检测,利用图片智能化处理技术,可以保证在施工方面有较高的精准度,能够保证施工图纸设计具有较高的精度,降低设计误差,对于促进工程建设行业的发展来说,效果显著。

(3)影视娱乐领域

影视娱乐行业对图像技术的反应是最为敏感的,数字技术为影视行业带来了技术上的变革,随之而来的是丰厚的利润。利用数字图像技术中的图像合成、三维造型、灯光模拟、动画设计等技术,许多匪夷所思的影视镜像随之而生,降低实际操作成本,带给观众无限视觉冲击。

(4)商业领域

图像技术在电子购物过程中提供给购物者更为详尽的信息对比,节约购物时间。商业活动借助图像技术在很多方面都起到了节约人工消耗,满足商业发展的要求。遍布各种商业场合的视频监视器,对企业的安全防范也有重要作用。

(5)航空航天领域

航空航天遥感图像处理技术在世界范围内早已广泛应用于海洋表面溢油监测、土地利用、植被覆盖、河流水域航道规划、卫星气象云图分类、矿产资源勘探、野外火灾防护等领域,成为相关科学研究中不可或缺的技术力量。在我国相关领域也飞速发展,成为航天领域技术发展和经济效益的保障。

(6)通信工程领域

图像的传输、可视电话、视频会议等技术的出现,借助数字图片技术发展多媒体通信技术。

（7）军事安全领域

在军事方面图像处理和识别主要用于导弹的精确制导，各种卫星图片的解读；具有图像传输、存储和显示的现代军事自动化指挥系统；飞机、坦克和军舰模拟训练系统等；公共安全领域业务图片的判读分析、指纹识别系统、人脸识别系统、不完整图片的修复，现在广为应用的交通监控、事故分析等。高速公路不停车收费系统（ETC）是目前世界上最先进的路桥管理方式，利用图像识别系统对来往车辆在高速运行的情况下进行收费管理，利用互联网技术在后台进行银行结算，达到不停车就可以完成收费的功能，大大减少运营成本，减少排队交费引起的拥堵。

（8）工业制造领域

凡是利用到工业视觉领域的工作，图像技术起到了改变工作方式的作用。比如邮件的分拣、各种设备电路瑕疵的检查、专业力学照片的应力分析、放射性工作环境中的工具识别，越来越多的具有专业技能的机器人，具备智能听觉、视觉、触觉功能，会给工业带来极大的改变，在各种高危工作环境中发挥重要作用。

4. 图像技术在教育领域的探索

图像技术发展影响着教育。不仅在教学方式上带来改变，在考试测评中，图像技术更带来巨大的变革。已经有一些省市在高考报名工作中应用"刷脸"技术；一些大学在学生考勤中也应用到"刷脸"签到；"刷脸"技术在学生管理，校园的日常生活中也有广泛应用，比如"刷脸"吃饭等等；利用图像识别技术对录播课堂中学生学习反馈信息进行不同角度的拍摄，对课堂教学的检测以及学生学习评价都有重要的影响。不同的科技公司利用图像技术作为基础进行多种教学形式的探索，提供有效商业学习模式，已经渗入到包括学前教育的各学段学科的学习中。

四、可穿戴设备

苹果 Apple Watch、松下 AR 头戴显示器、微软全息眼镜以及种类繁多的安卓智能手表等，这些在生活中常见的设备就是可穿戴设备。最早对可穿戴设备的定义是 20 世纪 70 年代提出的，可穿戴设备是由用户私人操控，持续不断地运行，进行人机交互的计算机设备。通俗地讲，就是可以穿戴在用户身上的基于计算的设备。可穿戴式设备具备最重要的两个特点：一是可长期穿戴，二是

智能化。可穿戴式设备必须是延续性地穿戴在人体上,并能够带来增强用户体验的效果。这种设备需要有先进的电路系统,无线联网并且起码具有一个低水平的独立处理能力利用手机蓝牙传输信号。

1. 可穿戴设备的技术的核心

核心技术包括传感器、硬件平台、操作系统和人机交互这四项内容。

2. 传感器

传感器是可穿戴技术的重要内容。随着物联网技术的不断发展,监测并输出人类感觉与行为的信息技术,依靠手表、手环或其他配件中嵌入传感器或摄像器材,通过互联网连接传感器收集到的各类信息。传感器根据功能可分为运动传感、生物传感及环境传感器三类。运动传感器实现对运动、导航、娱乐等人机交互功能;常见的生物传感器有血糖、血压、心电、肌电、体温、脑电波传感等,用以实现健康与医疗监控等功能;环境传感器包括温湿度传感器、紫外线传感器、光传感器、颗粒物传感器、气压传感器等,用以实施环境监测。

3. 硬件平台技术

与笔记本电脑和手机一样,硬件平台是可穿戴技术的灵魂。由于可穿戴设备的人体外骨骼这一明显特性,要求设备的性能与体积更为精妙。硬件技术的核心是高功能与低功耗。

4. 操作系统

具体功能不同使用的操作系统不同,比如运动手环,功能单一,操作简单;相对更为复杂的就是根据设备的功能,对智能手机的操作系统进行更为专业的调整,比如苹果公司针对 Apple Watch 专门研发的 iOS 系统。

5. 人机交互

包括语音监控、人脸识别、手势识别、增强现实、眼球追踪等是智能手机中的基础常用技术。

6. 可穿戴设备的类型

按佩戴方式,可穿戴设备主要可以分为头戴式、腕带式、携带式和身穿式四类。

(1)头戴式

谷歌眼镜(Google Project Glass)是谷歌公司于 2012 年发布的拓展现实眼镜,是头戴式设备的代表。它具有多数智能手机的使用功能,可以拍照、视频通话、处理文字信息。其特点为可以在用户自然视野中显示信息,利用骨传导或耳机发送私密声音信号,与用户的视野和头部运动关系高度密切。但目前,谷歌已经停止了这个项目。

（2）腕带式

各种监测身体运动与健康信息的手环。其特点：显示屏较小或不具备显示屏幕；可测量脉搏、血压等参数；与用户的肢体运动关系高度密切；一般利用低功耗通信技术（如蓝牙）与手机 APP 配合使用；作为传统移动智能设备的辅助工具配套使用。

（3）携带式

智能钱包、蓝牙防丢器均属于此类设备。智能钱包内都带有一个小型的电子系统，通过蓝牙和个人手机连接到个人电脑和银行账号上，这样钱包就会随时更新支出信息，并根据银行账号里的剩余金额做出不同的反映，达到省钱的目的。

蓝牙防丢器是一款简单轻巧的设计，方便携带。工作原理主要是通过距离变化来判断物品是否还控制在你的安全范围。主要适用于手机、钱包、钥匙、行李等贵重物品的防丢，也可用于防止儿童或宠物走失。其特点为：显示屏较小或不具备显示屏幕；不直接佩戴在肢体上；可作为移动设备的外接装置；一般利用低功耗通信技术与手机 APP 配合使用。

（4）身穿式

目前国际上有鼓点 T 恤、充电靴、太阳能比基尼、社交牛仔裤、导航鞋等等。其特点为：显示屏较小或不具备显示屏幕；直接穿在身体上，与日常穿着结合。

可穿戴技术在智能教育中的影响：

①可穿戴技术有助于实现个性化学习。借助可穿戴技术更有利于数据的收集与整理，将具有共同爱好兴趣以及相应学习进度的学习者更自由地联系在一起，形成无地域限制的学习群体。有目的地为不同的群体制定不一样的学习方案和资源，有利于激发学习兴趣，使学习者共同提高，并能节约学习资源。

②可穿戴技术的随身性，利用碎片化时间进行学习更为普及。使学习者打破传统固有学习方式，提供给学习者更为便捷的认知以及反复加深记忆的机会，使非正式性学习提高效率。

③可穿戴技术加强人与环境的沟通，在特殊专业教学过程中，发挥巨大作用。越来越多的可穿戴技术出现在专业化的学习中。模拟头盔在驾驶培训中发挥重要作用，使得汽车驾驶、飞机驾驶的训练更为安全便捷。国外的一些研究机构，在医学、考古学、化学、地质学等专业性强、有一定危险性的学科教学中，利用可穿戴技术进行场景模拟与强化，有效降低学习难度与风险，大大提高

了教学的安全性;通过可穿戴设备进行更接近真实的模拟实习,使医科专业的学生以及病人都更加安全。

④可穿戴技术加强人与人的沟通,更有利于特殊教育的发展。据统计,全世界目前有聋哑障碍人士 7000 万人,掌握手语和特殊肢体语言的人却很少,这些特殊受教育者接受新事物的能力远低于健康的人,并且在与他人沟通中存在极大障碍。利用可穿戴设备,捕捉聋哑人在肢体语言肌体产生的肌电图信号,通过传感器识别分析这些身体语言,再反馈给教育者,使特殊教育更为简洁,加强聋哑人与整个社会的联系,帮助他们克服沟通的困难。

五、全息影像技术

全息摄影,全息电视,全息投影已经进入我们的生活。随着工业的发展,很多设备的内部结构复杂,外形走向微型化,全息影像以一种新的方式能对这样的物品进行全方位的显示。

1. 全息影像技术的概念

全息影像技术的概念最初于 1948 年由英国科学家 Dennis Gabor 提出,最初全息的概念,是指对拍摄物体发出的光的全部信息的记录。现在的全息技术是利用干涉和衍射原理记录并再现物体真实的三维图像的技术。一般由两步完成全息影像:第一步是拍摄过程,利用干涉原理记录物体光波信息,拍摄全息照片;第二步是成像过程,利用衍射原理再现物体光波信息,全息图就像一个复杂的光栅,在相关激光的照射下,一张线性记录的正弦型全息图的衍射光波可给出两个像,即原始像和共轭像。共轭像这一再现的图像立体感非常强,具有 3D 的视觉效果。在全息技术的基础上衍生出全息摄影技术、全息投影技术。全息投影技术突破了传统声、光、电局限,空间成像色彩鲜艳,对比度、清晰度都非常高,空间感、透视感很强。

2. 全息影像技术的特征

(1)三维视觉:全息影像是三维立体的图像,具有更为逼真的立体效果。物体的每一个侧面都能完美地展现,为我们提供多维度的物体几何特性。随着科技的发展,清晰度和空间维度感越来越强。从最初人眼需要借助一些辅助设备才能看见的立体图像,到现在很直观的三维图像显示,全息影像技术已经走出实验室,进入到大众生活。

(2)全息影响可以将物体的全部几何信息储存并展示出来,在影像数据受损的情况下,仍然能展示全部物体的全貌。

（3）全息影像技术具有很大的存储量，在一个影像中，可以分层记录多幅全息影像，并独立显示，互不干扰。

3.全息影像技术的应用

全息影像作为尖端科技，经过多年不断创新，与其他科学技术深度融合，形成了全息显示、全息计量、全息微显、全息储存、全息模压等技术，发展日渐成熟完美，已经在各行各业中广泛应用。

（1）在商业领域的应用

全息影像技术被广泛应用于防伪技术。全息防伪是应用激光全息技术发展起来的一种新型防伪技术，又称激光全息防伪。1980年美国科学家首次成功印制世界第一张模压全息图片，在20世纪80年代中期进入中国。这种图片通过激光制版将图像印制在塑料薄膜上，图像看上去有激光特有的色彩衍射，看上去有三维感觉。近年出现了全息转移纸技术，在PET膜上涂布一层树脂，使用专门的模压机，把特制的激光全息图案复制到树脂上，再镀铝膜后与纸复合、剥离，带有激光全息图案的树脂和铝层转移到纸上即为激光全息转移纸。全息转移纸具有的耐折、耐磨、可印刷、环保的特点，本身有一定的装饰性，不仅作为防伪技术被认可，还可以应用于贺卡、广告设计、邮件、图片、包装等制作技术。在很多国家，身份证、信用卡等重要证明卡片，也是用模压全息技术做标识。

（2）全息影像在医疗技术方面的应用

全息投影技术在医疗领域中的应用十分广泛。为进行诊断的各种检测设备，许多就用到了全息投影技术，比如核磁共振、CT、B超等。医生会根据患者病灶部位的三维立体图像，利用全息显微技术对图像的不同位置进行逐层观察，对病人的病情做出诊断。这在某种程度上，促进了医疗技术水平的发展。同时也为人们提供了便利，使得人们在看病就医的过程中，有着更大的优势。全息影像技术对各类癌症的早期筛查和治疗都有明显的作用，在乳腺癌不同年龄段体检发挥很大作用，并对早癌的确诊，全息影像技术在临床分期上更早，治疗效果更好，帮助患者降低了放射治疗的辐射剂量。先进的CT技术可以成像出结肠镜效果的动态影像，对于大于10毫米的息肉发现率超过90%，取代了纤维结肠镜的检测，对体质较弱不能使用内镜和肠道造影的人群，是更好的检查方式。

（3）全息影像技术在国家安全、军事领域的应用

高科技进入国防体系，战争进入信息化时代，是时代的发展结果。全息地图在军事上的运用成为现代战争的必须。全息地图是以计算机全息技术、信息通信技术和激光技术为基础，机载相干雷达用高度相干的微波发生器，一方面

 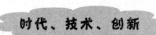

发出信号照射地面,一方面发出一束参考波,飞机飞行时,从飞机航线上每一点接收到的地面反射信号与另一束参考光束,在感光胶片上叠加而产生一个相干图样,在电子计算机内进行光学全息模拟和处理的一种地图,这种地图就称为全息地图。它功能全面灵活,体积小而逼真,可用于专题地图制作,也可当作普通地图。美国率先采用三维全息战术地图装备部队。全息地图能够完成现代战争的要求,帮助指挥控制系统在广阔地域内提供高清晰度的地形、地表建筑的几何特征,能够与战场实时同步,更具直观性。目前全息军事地图有静态和动态两种。静态图是将全息图信息写入一种光敏材料中,观察者不需要佩戴特质的眼镜就可以从不同方向观看到目标物体的不同方向上的视觉差别图像,形成逼真的三维立体全息显示效果。动态全息显示平台是通过激光将全息图像写入光聚合物薄膜材料中,战场实时动态都可以反映出来。2011 年度斑马公司为美军定制的全息动态显示平台入选《时代》周刊评选的当年世界 50 大发明。

(4)全息影像技术在影视艺术领域的应用

全息投影技术不仅可以产生立体的空中幻象,还可以使幻象与表演者产生互动,制造令人耳目一新的视觉感受。全息影像技术可应用在新产品推介、汽车及服装发布会、影视节目互动、酒吧娱乐、场所互动投影等。全息电影就是利用这种技术发展起来的新型视觉电影。全息电影系统借助全息屏幕,实现多区影像再现,使影像效果更为真实。观众不需要佩戴特殊的眼镜也可以直观地感受到立体效果。全息电影的拍摄必须依靠激光进行,目前的科技条件下,激光对演员有一定的伤害性,因此全息影视用来拍摄风光、动物和动画片。

(5)全息影像技术在科研领域的应用

利用全息影像技术的三维立体效果,在科研领域给予极大帮助。无论是医学科技的发展、生物学的研究、天文物理、微观世界都开启了新的研究方式。

(6)全息影像技术在历史文物研究领域的应用

全息影像技术能将文物的全部光信息存储下来,需要的时候随时可以进行展示,利用这个特性,现在越来越多的国家博物馆中都借助全息影像技术为参观的人展示文物的全方位影像。很多国宝级文物通过全息影像让越来越多的人可以身临其境地欣赏了解,还解决了珍贵文物在运输过程中存在的安全隐患。

4.全息影像技术对教育的影响

全息影像技术作为一种教学辅助手段,已经被广泛地应用于教育的各个学科,渗透到不同的学段。学前教育利用全息三维图像,传递的影像清晰,动画无缝转换,色彩明亮,视觉效果让人耳目一新,有效提高学龄前儿童的专注程度,提高发散思维能力,增强记忆力。在更高学段的教学以及职业技能培训中,全息投影技术的应用改变了日常旧有的课堂学习方式,并会随着技术的发展,深刻地影响教育模式的改变。伴随着全息影像技术出现,可将传统教学中学生向教师学的这种模式,转变成学生主动学习,借助全息影像,寻找有效教学资源的模式。

(1)借助互联网,全息影像技术进入网络教学。网络教学可以实现不同地域同时进行教学和学习,打破了传统的地区限制。将全息影像技术引入网络教学,学生可以更直观地了解物体的集合特性,不仅在理工科的学习中发挥重要作用,对于艺术设计、服装设计的教学更加直观传神,有效提高网络教学的学习效果,节约教学成本。

(2)全息影像技术在课堂中发挥巨大作用。传统教学方式中,很多教学模具无法全部地展示物体的内部构造,而借助全息投影技术,可以让学生360度无死角地进行观察与学习,有效提高课堂教学质量。尤其在天体演变、自然界奇特现象(火山爆发、龙卷风等)、具有一定危险性的化学实验、微生物构造等方面,借助全息影像更为真实,帮助学生在课堂上就能对自然界进行更深刻的了解和认识,激发学生学习兴趣,培养研究能力,有助于学生主动进行职业的选择。

(3)全息影像技术在实践教学中应用在职业教育、医疗科研领域,开启了学习新方式。

利用全息影像的立体特征,在工程制图、机械制图等专业取代传统教学模具,学生在学习过程中更直观,有效加强对制图原理的理解,并在制图过程中提供更精准的帮助。尤其是针对大型工程大型机械的绘制,由于实物的特性,教师很难在课堂上进行演示,学生无法实地观察,全息影像技术顺利解决这个难题,弥补传统教具不足,让学生充分了解实物模型,方便制图。

在医学教育中,全息影像技术通过构建清晰、色彩更精准、更为逼真的三维医学影像,在教学过程中给予学生更准确的信息传递。目前在医学解剖与手术实践教学中应用较多。以往的医学解剖图像很难形成多方位、多角度、多层次的教学信息,而可以用于解剖课实践的人体标本在国内医学院中极为稀少,很多医学院的学生,平均几十名学生共用一具遗体标本进行解剖课程学习。采用全息影像进行解剖学教学,借助全息教室进行三维立体悬浮人体再现,缓解教学人体标本严重缺失的矛盾。医学手术实践是提高医生专业技能的关键,但是手术室很难提供大批学生进行观摩教学,借助全息影像技术,可以直观外科手术,并利用全息影像技术进行模拟操刀实践,降低了手术风险。全息影像技术对医学的影响极为巨大,而医学能改变我们的生活。

在其他职业技能培训领域,全息技术也发挥其独特优势,让学习更为轻松,学习环境更安全,并且节约很多昂贵的实验器材,降低学习成本。但是目前,全息影像技术的成本高昂,普及存在一定困难,成为日后需要攻克的难题。

(4)全息影像技术的发展在智慧教育中发挥重要作用。智慧教育即教育信息化,是指在教育领域(包括教育管理、教育教学和教育科研)全面深入地运用现代信息技术来促进教育改革与发展的过程。其技术特点是数字化、网络化、智能化和多媒体化,基本特征是开放、共享、交互、协作。全息影像技术能提供给学习者身临其境的学习情境,真正实现教育即生活,有助于培养学习的兴趣,实现从"要我学"到"我要学"。借助全息影像技术构建未来智慧课堂、智慧实验室,让智慧教育离孩子们越来越近。

六、3D 与 4D 打印

18 世纪中期开始,人类经历了三次科技带动的制造革命,第一次科技革命,以蒸汽机的发明为标志,蒸汽机的出现使社会生产力发生变革,以机械制造代替手工业,人类进入机器时代;第二次科技革命,是 19 世纪末,以发电机的出现为主要标志,以电力提供的能源取代蒸汽机,整个社会的生产力进入电气化时代;第三次科技革命在 20 世纪中期伴随着原子能、计算机与信息技术的发展为标志,这一数字化革命,使世界发生前所未有的改变,以信息科学、生命科学、新型材料科学为先锋,以激光技术、网络空间技术、新能源技术及新型材料应用科技为主要表现方式,将人类的生活带入到信息时代。

3D 打印技术就是信息时代的一个新型科技。

1.3D 打印的概念与发展

(1)3D 打印的概念

3D 是英文 Three Dimensions 的缩写,是指三个维度,即表示物体的长宽高三个属性值,再加一个时间维度,就是我们生活的空间,我们的视觉和身体感知的世界就是三维的,并且具有色彩、光泽,具有不同的质感。但是人类的历史上,由于技术的限制,我们对世界的描述都是平面的,用影像和文字传达对世界的了解。中国的四大发明中的印刷术,就是 2D 打印的鼻祖。

3D 打印是一种以三维数字形式立体构造物理对象的一种快速成型技术,原理是先将实体模型分为若干薄层,每次打印材料生成一个薄层,通过塑料或粉末状金属等可黏合材料,层层叠加生成物体,这已成为当前增量制造技术的主要形式。

3D打印采用数字技术材料制成的打印机来完成,它与普通打印机的工作原理一致,打印机内装有特殊打印材料,接受电脑指令,将打印材料一层层叠加起来,只是打印出来的不是平面上的字和画,而是具有立体感的实际物体。

(2)3D打印的发展历程

表2-2-1

时间	3D 发展
1986 年	美国科学家 Charles Hull 开发出第一台商业 3D 打印机
1993 年	麻省理工学院获得 3D 印刷技术专利
1995 年	美国 ZCorp 公司获得唯一授权并开始开发 3D 打印机
2005 年	首个高清晰彩色 3D 打印机由 ZCorp 公司研制成功
2010 年	美国利用 3D 打印技术打造出第一辆汽车
2011 年	全球第一款 3D 打印的比基尼;英国人研发出 3D 巧克力打印机;南安普顿大学开发出第一台 3D 打印的飞机
2012 年	苏格兰科学家利用人体细胞首次打印出人造肝脏组织
2013 年	全球首次拍卖"ONO 之神"的 3D 打印艺术品
2013 年	美国设计制造出第一支 3D 打印金属手枪

2.3D 打印的应用

3D打印技术的独特原理使之成为信息时代促进工业发展的技术之一,也因其打破传统制造的模式,具有很强的创造性,成为科技创新的重要工具。3D打印技术已经被广泛应用于工业设计与制造、工程设计、航空航天、军事、建筑、医药生物、家电行业、考古、文化艺术、首饰制造等现代工业和文化产业中。

(1)航空航天

随着科技的不断创新,在航空航天领域运用3D技术创造出天文望远镜、火箭喷射器等重要产品。美国国家航空航天局(NASA)官网2015年4月21日报道,NASA工程人员正通过利用增材制造技术制造首个全尺寸铜合金火箭发动机零件以节约成本。这是航空航天领域3D打印技术应用的新里程碑。

(2)海军舰艇

美国在军事现代化方面领先于世界其他国家,2014年7月,率先利用3D打印技术与其他现代制造技术进行快速舰艇部件的生产,降低成本,避免从全世

界各地采购舰艇配件,提升执行任务速度。

(3)医药生物

3D 打印技术能够为医疗卫生行业提供更人性化的医疗方案;生物 3D 打印技术促进再生医学领域对人体组织与器官的研究。3D 技术在医药生物行业的发展极为迅速。中国的科研人员在这方面取得了骄人成就。

2017 年 3 月,湖南省肿瘤医院医生术中头戴已经输入患者三维影像信息的 HoloLens 眼镜,术前 3D 血管数据个性化精确设计切取面积为 22cm×14cm 的股内侧穿支皮瓣游离移植一期重建乳房,手术历时 6 个小时就得以安全顺利完成。这是世界首例混合现实技术辅助乳房重建手术。

南方医科大学附属第三医院骨肿瘤科团队成功为一名脊索瘤患者切除了脊椎,并植入 3D 打印人工椎体,个性化的 3D 打印人工脊柱更有利于保护神经,并利于术后骨愈合。

徐铭恩团队来自杭州电子科技大学,自主研发出一台生物材料 3D 打印机,较小比例的人类耳朵软骨组织、肝单元等现已在这台打印机上成功打印出。该研究成果被国际最具有影响力的期刊 *Biomaterials* 评为 2012 年在 3D 打印人造器官领域的最高水平。

清华大学徐弢等打印了动物心脏,是利用心肌细胞和生物材料模拟。发现打印出的细胞能够有节奏地跳动,提示打印出的器官可以具有一定的功能,还将羊水中提取的干细胞进行 3D 打印,并加入骨系分化因子,获得了活性的骨组织。

3D 打印人造器官技术是新一轮的发展机会,中国政府不断加大器官移植新技术投入,目前我国 3D 打印人造器官技术研究迈入国际先进水平,具有很好的前景。

(4)工业设计与制造

利用 3D 打印技术已经成功制造出汽车、飞机。更多的 3D 打印技术被应用于制造单件、小批量金属零件制造,具有成本低廉、生产周期短等优势。在模具制造方面,3D 打印与传统的模具制造工艺相结合,大大缩短模具开发时间,提高产品生产率,解决了模具设计与制造不协调的薄弱环节。目前我国家电行业利用 3D 技术进行产品开发与研制,也取得了一定成果,并在全国范围内广泛普及。

(5)文化艺术

在修复重要文物方面,3D 打印也取得成就。在博物馆展览中,也会用制造极为逼真的赝品来取代原件进行展览,用于保护文物不受环境影响。在现代服饰加工方面,3D 打印技术更能符合时尚与个性,并且在制造方面,因其独特的工作原理,杜绝制作材料的浪费,更为绿色环保。

3.4D 打印技术的概念

4D 打印"智能制造"是 3D 打印"个性化制造"的延续和升华。近年来,随着 3D 打印的材料价格不断下降,软硬件设施得到优化升级,可打印材料种类数目激增,推动了 4D 打印的出现。4D 打印技术是一种能够自动变形的材料,只需特定条件(如温度、湿度等),不需要连接任何复杂的机电设备,就能按照产品设计自动折叠成相应的形状。4D 打印最关键是"智能材料"。4D 打印技术是对 3D 打印技术的优化升级,具体表现在打印产物形状、属性和功能三个方面。它具备自组装、多功能和自我修复能力,与此同时,它是基于时间的、独立于打印设备的以及可预测的。

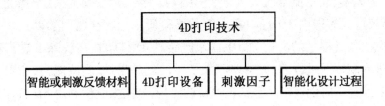

图 2 - 2 - 2

目前 4D 技术还没有像 3D 那样普及。

4.3D 打印技术在教育领域的影响

随着 3D 打印技术的发展,3D 打印在教育领域中的应用受到研究者的关注,一些国家和组织也开始对 3D 打印 的教育应用进行探索。英国的 3D 打印试点工程、美国的 PLTW 项目、日本的 DHM 项目、3D 打印课程等等,各国将 3D 打印技术渗透到教育领域,改变教学手段,转变学生学习方式,进行多种尝试。3D 打印是未来四到五年值得关注的新技术,将带来教学、学习和研究领域的创新。

针对 3D 打印等新型数字化制造技术的研发与产业化,中国政府出台了《国家增材制造产业发展推进计划(2015—2016 年)》,计划将 3D 打印技术发展规划提高到国家战略发展的高度。其中明确要求:"组织试点学校增材制造技术普及工程。在学校配置增材制造设备及教学软件,开设增材制造支持的教育培训课程,培养学生 3D 设计的兴趣、爱好、意识,在具备条件的企业设立增材制造实习基地,鼓励开展教学实践。"目前,随着 3D 打印机技术的进步和应用领域的

扩大,3D 打印机已经被引入到中小学和高校科研机构,在国家的大力推进下,基础教育领域 3D 技术已经走进课堂。

(1)3D 打印在中小学的教学应用

在国家的大力扶植下,3D 打印机已经在很多地区深入中小学的课堂教学中,目前以开设 3D 打印选修课为主要形式。在课堂上进行简单的模型制造;教师也可以利用 3D 打印机制造课堂教学使用的教具。在整个学习的过程中,教师借助 3D 技术指导学生进行三维建模的学习。3D 打印走进课堂不仅是为了学生学习该项技术,更注重学生在创新意识方面的培养,并激发学生对工程设计、制造以及科学课程发生兴趣,这些有兴趣的孩子,创造力最强,他们又可以带给科学技术更大的惊喜。

(2)3D 打印在高校的应用

清华大学、北京航空航天大学、华中科技大学、西安交通大学、西北工业大学等高校也成为国内 3D 打印技术的重要科研基地。这些大学以人才带动科研,研究出各具特色的高精尖 3D 打印产品。3D 打印在高校除了进行科研项目,还进入高校课堂教学,着重培养大学生的创新思维、实践能力,激发大学生的潜能,并伴随着创客空间等扶植项目的出现,鼓励大学生利用 3D 打印和其他科技融合,进行自主创新与创业。

(3)3D 打印对教育长远的影响

3D 打印机的成本高昂,三维设计软件的普及也不够广泛,缺乏专业 3D 打印的老师与成型的教材,因此目前 3D 打印走进全国中小学课堂还有一定的难度。但是其对教育的影响是不可忽视的。传统教学中讲授的成分居多,而 3D 打印真正开启了"从做中学""从做中创新"这样的新型教学模式,让学生在观察、实验、探究的过程中享受学习的快乐。这种基于创造的个性化学习,会深刻地改变现有教学模式。21 世纪倡导协作学习、高阶思维、信息素养等对学生生活和未来职业的重要作用,这与我国最近提出的学生发展核心素养类似。3D 打印已脱离传统理科课程形成的教学方式,这种以设计为中心、项目为形式、技术为媒介的教学过程更符合信息时代的发展需要。

七、人工智能

人工智能可能是现在最火的科技词语之一。

2016、2017 两年内,Google 公司开发的人工智能程序"阿尔法狗"战胜韩国棋手李世石,随后其升级版"阿尔法元"在网络上与多名围棋界元老对决,连赢

60局,3:0战胜当时排名第一的中国棋手柯洁,举世震惊。据Google公司的介绍,"阿尔法元"已经完全超越了"阿尔法狗"。"阿尔法狗"是通过几个月的时间去学习人类的逻辑,像一个天分很高又勤学苦练的人,它模仿的是人的思维逻辑;而"阿尔法元"利用三天时间,学习研究超过490万棋局,就已经能打败最顶尖的棋手,这表示计算机已经建立了自己的新的逻辑系统,其自我更新的速度,机器的逻辑能力,超出人类的想象,好像一个外星人轻而易举地战胜了地球人。不管是"阿尔法狗"还是开启了人工智能新世界的"阿尔法元",都是人工智能的代表。但是目前机器的逻辑还有一定的局限性,比如让两个"阿尔法元"对弈,结果可能会令人瞠目结舌,本来期待一场精彩纷呈的对决,结果可能却以黑子先落一子后对手沉默良久,直接认输而告终。不管是"阿尔法狗"还是开启了人工智能新世界的"阿尔法元",都是人工智能的代表。

1. 人工智能的概念

人工智能是计算机学科的一个分支,英文为Artificial Intelligence,就是我们通常所说的AI。它是研究、开发用于模拟、延伸和扩展人的职能的理论、方法、技术以及应用的一门新的科学技术。人工智能企图了解智能的实质,并生产出一种新的能以人类智能相似的方式做出反应的智能机器,该领域的研究包括机器人、语言识别、图像识别、自然语言处理和专家系统等。

2. 人工智能的发展与应用

2018年4月,中国信息通信研究院发布了《全球人工智能产业地图》,以图片的形式综述了全球人工智能的发展与应用。

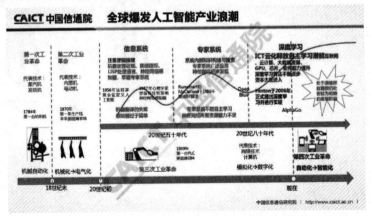

2-2-3　《全球人工职能产业地图》智能产业浪潮

时代、技术、创新

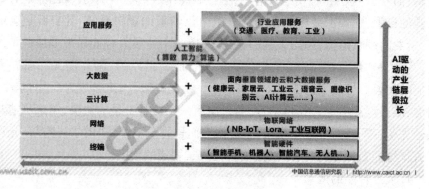

2-2-4 《全球人工职能产业地图》产业链形成

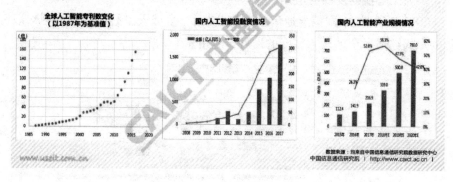

2-2-5 《全球人工职能产业地图》人工智能产业规模型增长

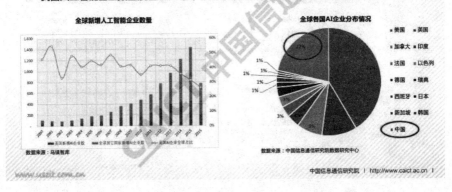

2-2-6　《全球人工职能产业地图》我国 AI 企业发展高地

2-2-7　《全球人工职能产业地图》AI 国际与我国发展趋势

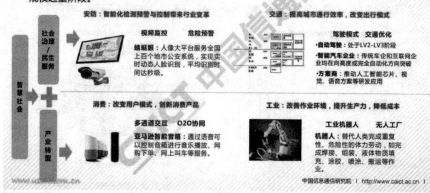

2-2-8 《全球人工职能产业地图》AI 与传统行业融合创新

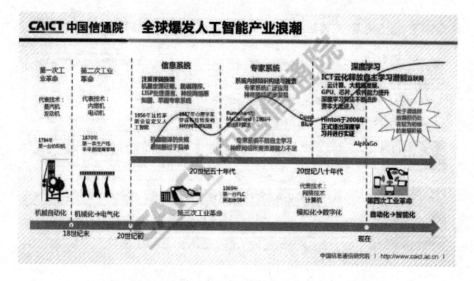

2-2-9 《全球人工职能产业地图》全球 AI 产业浪潮

3. 人工智能对教育的影响

教育领域在人工智能的浪潮影响下,也在发生改变。一方面,人工智能与学科学习,形成教育人工智能,在信息时代,以教育数据来跟踪学生的学习行为,预测其学习效果,为其制定个性化学习内容。如可汗学院根据学员学习状况分析给予个性化帮助做得很超前;另一方面,信息时代人工智能可以强化深度学习,深度学习模型通过对构建机器人学习模型和海量的训练数据,来学习更有用的特性。第三,人工智能帮助构建智慧教育环境。作业可以自动批改,学生根据拍照就可以寻求帮助,通过语音进行学科测评,都有人工智能的帮助。

综上所述,技术的变革带来教育形式内容的重要改变,也改变我们对世界的看法与思考,但是我们在追求自身突破的同时,也要加强对教育本质的探索与保护。世界飞速发展的同时,人类文明的发展要建立在正确的价值观与做人的原则基础之上,人工智能在未来的发展中会怎样给我们的生活带来冲击,一切都在未知之中,科技的发展与社会伦理之间的纷争一直就是人类历史上的一个重要话题。现在很多专家学者也纷纷著书立作阐明自己的观点,对人工智能在未来世界中对人类的影响是否安全表示担忧。

第三节　数据处理技术在教育中的探索

数据为各行各业带来前所未有的繁荣,我们的生活已经无法脱离网络与数据。每个人是数据的创造者,也是享受数据时代提供给我们各种急需帮助的或者具有选择性的服务。出行在外,银行卡、公交卡、医疗卡的使用,就能记录并成为商家的可用信息,各种监控摄像的人脸识别、社交网络的使用情况、浏览过的网页、搜索过的概念,我们每个人的生活在大数据时代以数字的形式具体化。那么什么是大数据? 大数据(Big Data),指无法在一定时间范围内用常规软件工具进行捕捉、管理和处理的数据集合,是需要新处理模式才能具有更强的决策力、洞察发现力和流程优化能力的海量、高增长率和多样化的信息资产。麦肯锡全球研究所给出的定义是:一种规模大到在获取、存储、管理、分析方面大大超出了传统数据库软件工具能力范围的数据集合,具有海量的数据规模、快速的数据流转、多样的数据类型和价值密度低四大特征。

数据处理是互联网时代一项重要的技术,数据时代对教育的影响深入到教育体系的各个环节,不仅改变学习的方法与模式,也使所有人开始思考我们的教育在科技发展的如此迅猛的今天,要做出什么样的改变,才能更好地引导科技的发展,为世界带来更大的变化。

一、教育大数据的提出

1. 教育大数据的概念

世界各国投入大量人力物力进行大数据在相关行业里的研究与应用。在

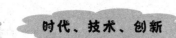

美国2012年3月启动的"Big Data Research and Development Initiative"计划中提出：通过收集、处理庞大而复杂的数据信息，从中获得知识与洞见，提升能力，加快科学、工程领域的创新步伐，转变教育和学习模式。正式将大数据提高到国家战略层面。

对教育数据的挖掘与分析成为大数据时代对教育产生影响的前提。教育大数据的定义就是指所有来源于日常教育活动中的人类行为的数据，从狭义上讲，教育的大数据是指发生在传统意义的学校内的学习者的行为数据，其服务宗旨为学生的学习与生活管理。教育大数据的提出，也使数字化教育转型成为数据化教育的时代。

2. 教育大数据的整合

对教育大数据的收集、存储、管理、筛选以及分析，可以帮助我们分析学习进行的状态以及对未来学习方向的预测。通过对大量教育数据的研究，可以帮助教育者进行更为个性化和定制的教育方式，比如研究在线教育中学习者的不同学习习惯，学习难易程度，将学生分成不同的小组，小组内进行相对于解决不同学习难点问题的强化训练，达到真正的因材施教。并通过数据化的研究，探索学习者学习能力与学习成绩的关系，找出有效学习的方法。

二、教育大数据在高校教学实践领域的推进

1. 教育大数据在学生管理方面的应用

教育大数据在学生管理方面的应用主要存在于学生的学习分析与学生学习情况的评估。在教育科技的发展过程中，针对高校学生管理的应用发展迅速并得到广泛应用。对学生的生活、学业、思想等行为轨迹和发展过程进行伴随式辅导，形成协同可持续的智慧管理与导引发展新模式。目前，有些走在前面的高校已经建立起了学生画像、学生行为预警、学生家庭经济状况分析、学生综合数据检索、学生群体分析等功能应用，由面向混杂群体变为面向特征群体管理，更好分辨学生在专业学习或就业方向上的潜能，为学生提供个性化的管理与培养方案。面向校园服务的教育大数据应用。此类应用主要通过实时爬取、分析校园各类数据，监测校园舆情，优化校园资源配置，为校方提供建设管理决策，展示学校人文关怀，其中，综合校情展示功能通过集成基础数据分析及行为数据分析，能够使管理者对学校在校生情况、课程情况、科研成果、奖助情况、教工情况等方面进行直观了解和对比，帮助学生从严谨的数据分析中更加了解自

己以及与他人的差异,感受信息化带来的人文关怀与改变。

2.利用数据进行学生学习行为的分析与评价

数据时代对学生学习方式的变革是巨大的,衡量学生的数字指标不再只是成绩单上的数据。传统教学与在线学习都成为学生学习的重要途径,学习准备、课程内容与社会实践联系在一起。大数据能更精准地了解学生的学习方式、习惯、能力和效果。他们成为大数据时代第一批原始数据制造者,也称为数据时代个性教育第一批受益者。利用真实及时的数据对学生的学习行为进行评价,也成为教育大数据的一个研究方向。

3.教育大数据在继续教育、终身教育方面的应用

2016 年,《中华人民共和国国民经济和社会发展第十三个五年规划纲要》指出:推行产教融合、校企合作的应用型人才和技术技能人才培养模式,促进职业教师和企业技术人才双向交流;要求"加快学习型社会建设",大力发展继续教育,构建惠及全民的终身教育培育体系。

教育大数据可以帮助企业与高级职业技术院校之间的供需关系,也可以帮助高职院校进行在职教师的基本信息与个性化信息的建设,建立学员的职业生涯规划等信息。企业更多的是考虑利润,以及用人成本;教师也要考虑自己的收入保障。所以,要激发高职教师深入企业进行学习交流的热情,也要制订相关制度规定和保障标准。只有破解了这些制度障碍,才能激发企业和学校建立深入的校企合作,进行优势互补,最终形成资源共享、互惠互利的长效机制,对继续教育起到良好有序地推进作用。

三、教育大数据在教育教学科研方面的应用

信息时代的教研工作是在数据的基础上进行研究的。传统的教研工作一般以资料收集、整理、人工分析然后得出结果。在实际运作过程中,这些工作由不同的小组调研活动进行,可以利用的多数是各类政府部门发布的统计报表等。在采集数据的过程中,会出现数据范围不大,数据密度小,数据无法及时更新等问题,对教育研究具有一定的局限性。大数据可以充分改善数据获取的方式和规模,只需要与政府部门、企业和科技公司合作,就可以进行需要的教育数据的采集、整理、分析,依靠专业数据处理的团队和教育研究团队的合作,完成教研活动,取得具有教育科学特征的研究结论。

时代、技术、创新

四、大数据时代对教育工作者的改变

1. 教育工作者应培养数据思维方式，提升数据认知能力

建立利用数据发现问题，解决问题的能力，对数据背后的含义具有解读分析能力，认知数据变化的规律。不要仅仅把数据的分析交给专业人员或者是依靠程序去理解数据。教育工作者的学习能力与学习意识，应该走在社会发展的前列，才能发挥教育的真正作用，更好地为科技的发展做奠基。

2. 教育大数据对教师专业成长的帮助

传统提升教师专业知识的途径是培训。教育大数据不仅可以为学生提供个性化教育方案，也可以为教师提供更合理的专业晋升途径。教师培训分级不再是新手阶段、适应阶段和专家阶段这样传统的共性培训，而是可以根据教育数据中对其教育活动的分析进行更为专业精准的培训，具有针对性的提升，丰富教师专业知识和教育教学手段。

教育数据对教师的考核方式也有很大的影响。先进的科技改变了过去传统的日常工作中大量记录型文本工作，参加各种评估中有所改变，使教师的教学行为记录、分析更为精准，使评价结果更为精准公平。

五、教育大数据对教育决策的变革

教育大数据为决策者提供海量的数据，决策者需要在海量的数据中，着眼于未来，预测教育问题，把握未来教育需求，将数据思维运用到具体的决策，相比传统的决策依据，大数据提供更为包容开放的信息，需要具有数据分析能力的决策者进行专业分析。

第三章　新技术视阈下的教育变革

教育部《关于"十三五"期间全面深入推进教育信息化工作的指导意见(征求意见稿)》中给出了落实教育信息化长远发展方向的指导意见:要将技术、设备、工具的使用与教学改革相结合,利用技术、设备和工具探索、创设适应信息时代特点的新型教学环境(如新型教室),创新教学模式,切实提升教学的现代化水平;要大力提升教师信息技术应用能力与学生信息素养,拓展师生适应信息时代需求的教学能力和创新能力;要有效利用信息技术探索 STEAM 教育、创客教育等新教育模式,使学生具有较强的信息意识与创新意识,养成数字化学习习惯。在新技术向教育发起冲锋的新形势下,传统课程如何转型,教师、学生如何去适应信息化的发展都是我们所面临的重要问题。

第一节　新技术推进课程实现与提升

当今信息技术在各行各业的应用可谓如火如荼,改变着人们的生活方式和对事物的认知方式。我们不出家门即可购得我们想要的商品,而且是送货上门。我们去超市购物,不用带现金,转账即可,就连去菜市场买菜,都可以直接扫码支付。我们去餐馆吃饭,也已经实现了电子排队叫号,在 Pad 上点菜、下单。我们打算出行,打车软件让出租车早早地在门口等候⋯⋯技术在生活中的应用可以说无处不在。反观我们的课堂,几十年来却变化甚微。虽然教室里都安装了多媒体大屏,架设了有线、无线两套网络,但信息技术在课堂上的应用,较之其他领域却落后很多。但可喜的是我国的教育者仍然在孜孜不倦地探索新的教学模式,比如说翻转课堂模式、双师课堂模式等模式。

一、翻转课堂

1. 翻转课堂的由来

21 世纪初,美国学者 Maureen Lage, Glenn Platt 和 Michael Treglia 在他们的

论文中介绍了一种新的教学模式,是他们在美国迈阿密大学当教授时上课采用的一种教学模式,"翻转教学"的模式取得了较为理想的成绩。当时他们并没有提出"翻转课堂"或"翻转教学"这样的概念。同年,学者 J. Wesley Baker 在第十一届大学教学国际会议上发表了与翻转课堂相关的论文。至此,"Flipped Class Model"这个新名词来到了大家的面前,一般被称为"翻转课堂式教学模式"。七年后,出现了三位对翻转课堂起到重大影响的人物。两名来自于美国科罗拉多州落基山山区学校——林地公园高校的化学教师 Jonathan Bergmann(乔纳森·伯格曼)和 Aaron Sams(亚伦·萨姆斯)通过使用视频编辑软件录制 PPT 界面生成视频,并附加教师的讲解,上传到网络上帮助那些缺席学生学习当天的课程内容,解决了有些学生由于各种原因缺课而跟不上学习进度的问题。不久后,他们又尝试着通过提前录制课程视频上传到网络上,让学生在家里提前学习,课堂上教师对每位学生进行个性化的辅导,或有针对性地对学生提出的普遍性问题进行详细指导的方式上课,收到了良好的效果。两位教师的教学实践引起越来越多人关注,经常接收到同行的邀请介绍相关的经验,为推动翻转课堂在美国中小学教育中的传播起到了极其重要的作用。而第三位推动翻转课堂发展的就是著名的"可汗学院"的创始人萨尔曼·可汗。萨尔曼·可汗原来是一名基金公司的金融分析师,在 2004 年,他的表妹纳迪娅在一次数学考试中成绩很差,于是向表哥求助,他们通过聊天软件,互动手写板和电话互相交流,可汗帮助她解答了所有问题,为了让她听明白,他尽量说得浅显易懂。很快他的侄子、外甥、外甥女也上门讨教。一时间,可汗忙不过来了。他索性把自己的数学辅导材料制作成视频,放到 YouTube 网站上,方便更多的人分享,没想到竟然好评如潮。于是,他于 2006 年创办了震惊世界的非营利教育机构——"可汗学院"。可汗学院制作了数以万计的视频供大家分享学习,由于其突出的贡献而获得了无数大奖。比尔·盖茨说:"萨尔曼·可汗是一个先锋,他借助技术手段帮助大众获取知识、认清自己的位置,他简直引领了一场革命。"至此越来越多的人开始运用翻转课堂教学,一些有特色的翻转课堂教学模式逐渐引起了大家的关注,尤其是国外的几个典型模式,例如美国的林地公园高中的翻转课堂模式、美国高地村小学的"星巴克教室"、柯林顿戴尔高中的全校翻转、河畔联合学区的以 iPad 形式的数字化互动教材的翻转课堂以及哈佛大学和斯坦福大学的翻转课堂模式。

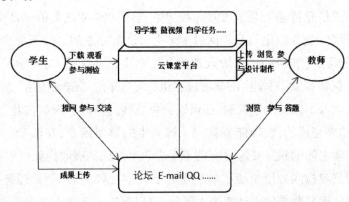

图 3-1 基于师生互动的翻转课堂教学模式课前知识传授阶段设计

2. 翻转课堂的特点

利用视频来实施教学,在多年以前人们就进行过探索。在 20 世纪的 50 年代,世界上很多国家所进行的广播电视教育就是明证。为什么当年所做的探索没有对传统的教学模式带来多大的影响,而"翻转课堂"却备受关注呢? 这是因为"翻转课堂"有如下几个鲜明的特点:

第一,教学视频短小精悍。不论是萨尔曼·可汗的数学辅导视频,还是乔纳森·伯尔曼和亚伦·萨姆斯所做的化学学科教学视频,一个共同的特点就是短小精悍。大多数的视频都只有几分钟的时间,比较长的视频也只有十几分钟。每一个视频都针对一个特定的问题,有较强的针对性,查找起来也比较方便;视频的长度控制在学生注意力比较集中的时间范围内,符合学生身心发展特征;通过网络发布的视频,具有暂停、回放等多种功能,可以自主控制,有利于学生的自主学习。

第二,教学信息清晰明确。萨尔曼·可汗的教学视频有一个显著的特点,就是在视频中唯一能够看到的就是他的手,不断地书写一些数学符号,并缓慢地填满整个屏幕。除此之外,就是配合书写进行讲解的画外音。用萨尔曼·可汗自己的话语来说:"这种方式似乎并不像我站在讲台上为你讲课,它让人感到贴心,就像我们同坐在一张桌子面前,一起学习,并把内容写在一张纸上。"这是

"翻转课堂"的教学视频与传统的教学录像的不同之处。视频中出现的教师的头像以及教室里的各种物品摆设，都会分散学生的注意力，特别是在学生自主学习的情况下。

第三，重新建构学习流程。通常情况下，学生的学习过程由两个阶段组成：第一阶段是"信息传递"，是通过教师和学生、学生和学生之间的互动来实现的；第二个阶段是"吸收内化"，是在课后由学生自己来完成的。由于缺少教师的支持和同伴的帮助，"吸收内化"阶段常常会让学生感到挫败，丧失学习的动机和成就感。"翻转课堂"对学生的学习过程进行了重构。"信息传递"是学生在课前进行的，老师不仅提供了视频，还可以提供在线的辅导；"吸收内化"是在课堂上通过互动来完成的，教师能够提前了解学生的学习困难，在课堂上给予有效的辅导，同学之间的相互交流更有助于促进学生知识的吸收内化过程。

第四，复习检测方便快捷。学生观看了教学视频之后，是否理解了学习的内容，视频后面紧跟着的四到五个小问题，可以帮助学生及时进行检测，并对自己的学习情况作出判断。如果发现几个问题回答得不好，学生可以回过头来再看一遍，仔细思考哪些方面出了问题。学生对问题的回答情况，能够及时地通过云平台进行汇总处理，帮助教师了解学生的学习状况。教学视频另外一个优点，就是便于学生一段时间学习之后的复习和巩固。评价技术的跟进，使得学生学习的相关环节能够得到实证性的资料，有利于教师真正了解学生。

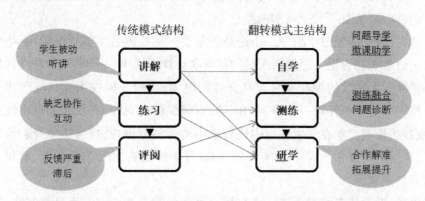

图3-2 翻转课堂教学的相对优势（来源华中师大祝智庭教授）

3. 翻转课堂的实施

以前的教学模式，学生上课听老师讲，不看课本，基础知识不牢固，有时上课注意力还不集中；翻转课堂通过预习环节让学生充分阅读课本知识，理解课本内容,夯实基础,让学生自己掌控学习,培养学生自主管理的能力,提高学习效能,使学生向个性化发展,把"翻转课堂"融入我们的教学将会有利于我们的教育发展。随着互联网的普及和计算机技术的发展和普及,使"翻转课堂式"教学模式具有可行性和实用性。

"翻转课堂"授课方式在我国有很多种模式,通常情况下我们采取以下的步骤进行操作。

(1)先给班级划分小组。一个班级一般有54个人左右,根据成绩均分成9组,每组划分出3个层次,通过量化评价来激发学生的学习积极性。

(2)制作并上传微课视频及其他与课程相关的资料。根据绝大多数学生能力选取适合学生自主学习的知识点,明确学生必须掌握的学习目标,考虑不同教师和班级的差异来收集和创建视频;同时,视频的制作过程中必须考虑到不同学生的学习方法和学习习惯。

(3)学生的自主学习。学生根据教师在学习平台上发布的微课视频及其他电子资料进行自主学习,并完成提交教师设计的自测题目,学生也可将自己不懂的问题提交到教师的空间。教师在第二天上课前就可以通过学习平台上的学生自测题目完成情况了解学生的学习程度并找到学生学习的难点,从而方便做到学情分析。

(4)针对学生暴露的问题,在课堂上教师进行集中讲评,并加以巩固训练,保证学生当堂掌握相关知识点,安排训练展示课。老师把学生昨天做的在线测试结果公布给大家,把错的比较多的题目再重现,让学生共同探讨。然后,针对学生不会的问题进行讲解,部分内容进行知识拓展,引导学生思考,相互讨论得出结论。学生主要在课外学习教学内容,因此,课堂内则需要高质量的有针对性的学习活动,学生能在具体环境中应用相关知识。

(5)当堂检测学生对重难点的掌握情况。学生根据自己所学知识做当堂练习,六个组上黑板写出小组答案,三个组对这六个小组的答案进行评价。学生此时的学习积极性最高,组内讨论比较热烈,评价的学生讲得比较透彻,讲解的同时也提高了自身的语言表达能力;上台评价的学生应该已经把这部分知识掌握好了。最后学科课代表对这节课的主要内容做出总结。

(6)根据本节课的重难点知识,布置少量有针对性的作业,以达到复习巩固的目的。

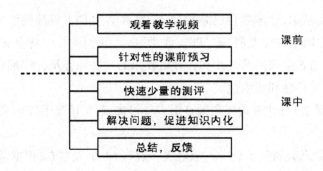

图 3 - 3　翻转课堂实施过程

4. 我国翻转课堂的尝试

我国重庆聚奎中学最早尝试运用翻转课堂教学模式,并总结了翻转课堂实际操作过程中的成功经验。随后,深圳南山实验教育集团、南京市九龙中学、山东潍坊昌乐一中等企业、学校对翻转课堂教学模式都进行了不同方面的试验和研究。源于国外的翻转课堂教学模式在国外实践过程中确实取得了丰硕的成果。以下就是通过调研获得的相关学校在进行翻转课堂教学模式实践的做法。

实践案例	学习阶段	学生活动	教师活动	技术支持
昌乐一中	晚自修自学质疑	自学教材;观看微视频;协作交流;完成作业;提出问题	一对一个性化指导	学案;微课;学习终端;"阳光微课"平台;
	课中训练展示	小组合作突破疑难;小组合作训练、解说、评价;互动质疑	一对一个性化指导;评价点拨	
古美中学	课前	自学多媒体电子教材		多媒体电子教材;微视频;学习终端;课堂交互系统;录课宝系统(作业讲评系统)
	课中	自学检测;反馈讲评;提出问题;师生活动,解决问题;课堂检测,及时反馈		
	课后	完成作业;观看微视频		
温州二中	课前	自学教材;观看微视频;完成练习;互动提问		微课;学习终端;互动平台
	课中	以学定教,教师解答课前提问;合作纠错,掌握预习题;例题分析,变式提升;练习巩固,小组合作找易错点,教师个性化指导		
	课后	分层作业,自主学习		
天云项目	课中	学生自学	教师创设情境进行问题解决	
南山实验	课前	观看微视频;前测练习		微视频;学习终端;评价分析系统
	课中	梳理知识;聚焦问题;合作学习;综合训练		

图 3 - 4　我国翻转课堂实践案例

虽然我国各学校的翻转课堂教学模式采取了很多不同的做法,但我们仍然能够找到一些类似的地方。在学生的课前准备阶段为"自学质疑阶段",几乎所有学校都认为在这个阶段导学很重要,因此各个学校提出了不同的方式方法,有的提"目标导学",有的说"任务导学",还有的是"导学案导学",起点不同但殊途同归,也许在实施中会出现些许的差异;其次有的学校谈"教材自学",有的学校强调"教材素学",两者都在表明教学还是要以教材为本,后者更体现了对学生学习量和任务可行性的考量。另外,不少学校提出的"资源助学",而不是"微课助学",这里的资源含义很多,不只是微视频,也包括平台上的师生讨论及上课使用的一些素材。几乎所有的学校都在谈"在线测学",在计算机系统的支持下,学生可以通过测试了解自己的自学成效,有学校更明确提出"训练测学,评价促学",使用计算机系统辅助实现个别化、差异化指导。在学生的课上活动中,不少学校都有类似"展学",如:"了解"(预习学情)、"互学"(合作解疑)、"诊学"(了解掌握情况)的提法,但在具体做法上,因学科、课型和教师的不同,会有一些差异。比如:对于"展学",有的学校要求展示的是小组讨论后的结果,有的学校则直接看作业后台的数据来了解学生预习的效果;对于"互学",有的学校提到了要教会学生如何合作,包括制定合作小组的组规等,避免出现"合而不作"的情况;而借助计算机系统的"诊学",是不少学校着墨最多的活动,甚至让人感到每堂课都成了习题课,而且有的学校不只是课上要"评价促学",课后还要"精准命题、科学诊断、深度分析、巩固提高"。也是因为有计算机软硬件设备的支持,课上可以及时了解学生对学习内容的掌握情况,准确诊断,及时反馈,不少学校认为这就是"智慧课堂"。现在,更多的学校开始提到"智慧课堂",不少学校报告的总结也体现出学校教学改革从"高效课堂"到"翻转课堂"再到"智慧课堂"的发展之路。将智慧课堂视为"翻转课堂"的升级阶段有一定的合理性。高效课堂强调了"兵带兵,兵教兵",发挥学生学习主动性的价值;翻转课堂则在高效课堂的基础上通过引入"微课"和学习任务单,发挥了教师的"导学"和"辅学"作用;而"智慧课堂"借助计算机系统详细记录的学情,能够为教师导学、学生练习提供更精准的方向。从高效课堂到翻转课堂再到智慧课堂,中国学校对课堂教学的研究和认识逐渐细化和深入。

　　然而,对于全国各地尝试使用翻转课堂的学校来说,也不是一帆风顺的。首先,翻转课堂的实现必须建立在完善的网络环境和学生必须具备非常强的自觉性的基础之上。自觉性强的学生,可以养成良好的自我管理能力和自主学习习惯,提高学习效率;而自觉性不强的学生,会因为自己不学,而导致学习直接脱节,这样很容易造成学生的两极分化。其次,每门学科课前的视频学习、预习学案以及课后作业需要大量时间,学生的时间安排是一个很大的问题。学生一

天要安排新授课和自习课共十三节课,学生的学习效率是否能得到保证? 学生有较强的学习能力是实现这一目标的前提。再次,翻转课堂在培养学生的探索意识、创新意识和合作意识等情感态度价值观方面的同时弱化了知识与技能的提高。文科学生需要具备宽阔的知识面,需要拓展知识面,而数理化等理科学科,必须有一定的题量训练,学生才会掌握。课堂上如果不注重知识与技能的训练,就难以实现掌握相关知识点的目标。最后,一般的班级学生通常情况下有 54 人左右,但在线测学只有 70% 的学生能做完,说明有些学生跟不上学习的进度,还有部分学生很早就学完了知识,在自习课上没有事干等等,很多在实践中遇到的问题还需要我们继续研究探讨。

二、双师教学

近年来,教学模式逐渐呈现出信息化的态势,但到目前为止,传统课堂的教学结构并未发生实质性转变,远程教学缺乏师生互动的弊端,城乡教育资源差异依然存在。怎样转变传统课堂教学方式,创造新型信息化教学模式,实现优质教育资源向贫困地区的输送,促进教育公平,成为摆在当前教育信息化进程中重要课题。教育公平说到底是教师教学质量的均衡,教师和教育管理者是促进教育公平的关键。利用互联网构建网络教学平台,让更多贫困山区的孩子享受名校的优质教育资源,同时消除远程教学缺乏师生互动的弊端,双师教学就是其中很好的尝试之一。

1."双师教学"概念

"双师教学"顾名思义就是一堂课由两位异地的教师同步或非同步地进行

教育教学活动的过程。通常情况下,一位教师是本地学校无法招聘到的学科优秀教师或名师通过网络平台在网上直播主讲授课,另一位教师是本地教师通过网络平台配合主讲教师对第二课堂同步协助授课(复讲、复练、答疑、批改作业及个别辅导等),但因硬件条件或其他原因优秀教师会将课程录下来上传到网络上,再由本地教师下载并播放给学生进行异步授课。此外,与传统远程教学所不同的是,其将远程教学应用于课堂的同时,兼顾第二课堂的教师参与课堂的教学设计及交流反馈。

在农村学校开展双师教学既可解决农村教师技术方面的困难,又能享受到城市优质资源的熏陶。在信息技术与课堂教学深度融合、倡导教育公平理念的背景下,"双师教学"既撷取了慕课的核心理念,即让优质资源传播到世界的每个角落;又可通过信息技术实现了"人机交往",让教学在第一课堂和第二课堂的基础上进行互动与生成,成为线上线下混合式教学模式的完美体现。不仅如此,双师教学的应用还有解决专业教师短缺的问题和提升学生学习兴趣的优势等作用。第一,解决专业教师短缺的问题。部分山区学校专业教师极度匮乏,学校不可能一时之间解决专业教师短缺的问题,但"双师教学"可为这一问题提供解决途径,如小学英语、美术、音乐等课程存在非专业教师兼任的现象,非专业教师可以通过"双师教学",跟着远程授课教师的教学设计开展教学,远程授课教师教什么,本地老师跟着教;远程授课教师提问,我们也跟着提问。久而久之,农村一些非专业教师逐步掌握专业课程教学内容,而且都能上好课。本地教师还可以从远程授课教师身上学习到先进的教育教学方法,这也解决了乡村学校专业教师培训不足的问题,有助于缩小城镇与乡村教育资源的差距。第二,可有效提升学生的学习兴趣。远程授课教师与本地教师课堂上需要配合默契,当远程授课教师在讲授时,本地教师就在下面指导学生认真听讲;当远程授课教师提出问题时,本地教师就在下面指导学生回答问题。两位老师需要共同配合开展教学,不仅有利于课堂管理,还有助于活跃课堂气氛,调动学生学习的兴趣。在"双师教学"环境下,两位老师可以实现角色之间的迅速转换,根据教学内容即兴表演与对话,真正实现课堂教学互动,提升了学生的学习兴趣,课堂教学效果也随之提升。

2."双师教学"课堂授课模式

"双师教学"通常有如下四种授课模式:

A 模式:第二课堂全部运用第一课堂的视频教学。此模式是第二课堂的教师在获得第一课堂优秀教师的上课视频后,在第二课堂上仅仅播放已获得的优

秀教师的上课视频。此模式的优点是简单、方便,便于实施。但缺点也很多,经过实践后发现,该模式实施过程中,第二课堂的学生在看视频过程中像看电影一样,效果不是很好,而且比较耗时间,经常是将一个课时的内容变成了两个课时了。其原因在于,第一课堂和第二课堂的学生个人综合素质差距较大,第二课堂的学生跟不上第一课堂的教学节奏,而且第一课堂拥有优越的师资条件,第一课堂的教师授课信息量就相对较大,而第二课堂的学生不能及时吸收消化教师所讲,而且还缺乏相关的互动,有问题不能及时得到解决。因此,这种生搬第一课堂教学视频的模式通常不能适应第二课堂学生的实际应用。

B模式:第二课堂的教师截取第一课堂部分教学视频应用到第二课堂教学中。此模式是第二课堂的授课教师在讲课之前,认真观看从网络平台上获得的第一课堂的教学视频,再结合第二课堂学生的基础去重新设计教学设计,在导入、讲授新知识、课堂讨论等不同教学环节中穿插第一课堂的教学视频。并且有选择性地择取配套练习,对于难度太大的例题、习题,略过不使用。基于A模式的弊端,此模式中第二课堂教师摒弃了这种简单的视频播放的教学模式,慢慢形成了"截取视频授课"的方式。此种教学方式能结合第二课堂学生的原有基础和能力,充分发挥了优质资源对教学的促进作用,又便于教师因材施教。此模式中第二课堂教师需要把课件提前下载下来,在家或者办公室看,提前选好需要播放的视频,但是,该模式的缺点是使第二课堂教师的备课工作量大大增加。

C模式:第二课堂教师截取少量教学视频,与自己原有的课堂教学模式进行融合。第二课堂教师在备课前先观看第一课堂的视频教学内容,择其部分,然后结合其他教学模式如导学案、启发式教学、探究式学习等模式进行教学设计,与B模式不同的是,第二课堂在教学视频的播放时间大大减少,有时只占一堂课的5分钟左右甚至更少。在视频内容选择上,偏向于择取一些比较经典的新知识讲解或新颖的解题思路和方法等内容。除了教学视频,第二课堂教师根据需要使用网络资源,在备课时根据教学需要进行修改,以适合本班教学实际情况。但是要有效利用第一课堂PPT到第二课堂,则要考验第二课堂老师对资源的吸收内化和将资源整合到课堂教学的专业能力和素养,对第二课堂的教师要求较高。

D模式:教师内化视频,促进自我专业化发展。该模式主要是第二课堂教师在业余时间自行学习第一课堂教师的教学视频,将学习所得反馈到自己的备课和课堂教学中。该模式的实施通常有其主观和客观的原因。主观原因在于,

第二课堂教师希望借助"双师教学"这一平台,每天有针对性地对自己目前所任教课程进行一对一的教学能力培训,在观摩第一课堂教师的教学行为和教育理念中,进行对比和自我反思,提高对教学行为和教育理念的认知,进而促进教师自我的专业化发展。客观原因在于,其一,部分教师还处于学习并尝试内化视频的过程中,尚未在第二课堂正式使用"双师教学"视频;其二,部分学校由于信息化教学环境的缺失或不完善,无法在课堂上正常播放教学视频,第二课堂教师只能课下观看并内化整合来提升个人的课堂教学能力;其三,部分有意向开展"双师教学"的第二课堂教师,因资源平台尚未有该年级或该学科资源,只能通过先观看现有的学科教学资源来熟悉"双师教学"课堂,并提升自己的教学能力。

　　3. "双师教学"给教师带来的挑战

　　"双师教学"在进行过程中也会面临不少挑战。第一,备课时间延长。在"双师教学"的课堂上,教师在课前、课中和课后面临很多不同于以往课堂的地方。在面对"双师教学"这样一个崭新的课堂,农村教师在教学模式的选择上需要结合自身的学科需求和个人能力,对第一课堂教师的授课视频做出取舍,以达到最优化,在调查中更多的教师希望能将第一课堂教师的教学设计和教育理念内化为自己的教学风格。但是不管采取哪种授课模式,授课教师都需要花费更多时间和精力去试验和实现这种教学模式的课堂。"双师教学"对授课教师的课程知识和管理学生知识以及信息技术素养提出更多要求,尤其是课堂管理方面需要教师花更多时间以适应这种新型教学模式。第二,削弱教师自主思考能力的养成。因为"双师教学"课堂中的课堂教学视频可以直接在第二课堂中对学生进行教学,第二课堂的教师如果不加选择地全盘接受式教学,容易导致其产生思维惰性,或者个别教师认为城市教师的教学和教育理念就是比农村教师超前或优异,从而丧失自己的判断和思考,这种情况也不利于独立思考能力和判断选择能力的养成。"自主、合作、探究"是新课标的基本理念,其实"双师教学"在实际教学中更应该要求第二课堂教师做到自主思考。当教师养成固有的思维模式,就很难接受新技术、新事物。当教师不能自主思考的时候,其所教的学生也很难做到自主判断和思考。其实,视频教学只是一个技术手段,真正改变学生的学业成绩和能力在于课任教师自身的专业素养和人格魅力。小学生在这一点上比初中生有更强烈的情感选择,小学生更加喜欢和依赖自己的老师。第三,信息技术素养不足凸显。信息技术使课堂变得更生动、让知识的讲解更形象,从而提高课堂上的教学效率。利用好网络共同体不但促进教师学生间的相互沟通、交流,教师积累丰富的教育教学实践经验,而且能提高教师教育教学实践能力、完善教育教学实践工作,最终实现专业成长与发展。然而,在农村学校的教师中,很多教师还处于一支粉笔加黑板的授课模式,"双师教学"授课教师的信息技术能力急需提高。

综上所述,在不断推进教育均衡发展的今天,"双师教学"是一个值得农村学校尝试与推广的教学模式。我们应该关注教师教学理念的更新和教学技能的提升,更应该关注学生学习兴趣和学习质量的提升。"双师教学"是一种行之有效的教学模式,其推广价值正是在于将优质教育资源"请"到乡村学校,城乡教师协作配合,最终促进农村孩子学习兴趣与学习质量的双提升。

三、项目式学习

项目式学习产生于西方一些发达国家,并逐步发展成为信息时代的一种有效的主流学习方式。它既强调本学科知识的学习,又能促进跨学科知识的学习;既注重基础知识与基本技能的学习,又贯穿学生实践能力和创新能力的培养;既能满足个性化教学要求,又能培养学生合作意识与适应能力;既能促进学生高级认知能力的发展,又有助于学生健康情感的培养。项目式学习与《国家中长期教育改革和发展规划纲要(2010—2020 年)征求意见稿》强调的"优化知识结构,丰富社会实践,强化能力培养。着力提高学生的学习能力、实践能力、创新能力,教育学生学会知识技能,学会动手动脑,学会生存生活,学会做事做人,促进学生主动适应社会"相吻合,强化联合国教科文组织提出的未来教育四大支柱——"学会认知、学会做事、学会共同生活和学会生存"。可以说项目式学习是当今开展素质教育,培养21 世纪人才的重要途径。

1. 项目式学习的概念

项目是什么?项目是为创造独特的产品、服务或成果而进行的临时性工作。指一系列独特的、复杂的并相互关联的活动,这些活动有着一个明确的目标或目的,必须在特定的时间、预算、资源限定内,依据规范完成。教育也是项目,叶圣陶《倪焕之》二五:"教育这个项目当然是不容轻易忽略的。"那么,项目学习的定义是什么呢?项目学习起源于国外,他们将项目学习看成是为完成一项工程项目而开展的一系列活动。区别于传统的课堂教学模式,历时较长,强调学生的实践研究。一种项目学习是学生围绕复杂的、来自真实情境的主题，在精心设计任务、活动的基础上，进行较长时期的开放性研究，最终建构起知识的意义和提高自身能力的一种教学模式。另一种项目学习是围绕具有一定挑战性的项目主题展开，主题的选定往往来自真实环境，依托某一学科理念，并在活动过程中体现多学科交叉的思想。我国著名学者黎加厚提出："基于项目的学习是以学习研究学科的概念和原理为中心，通过学生参与一个活动项目的调查和研究来解决问题，以建构起他们自己的知识体系，并能运用到现实社会当中去。"刘延申提出："项目学习是学生通过亲自调研，查阅文献，收集资料，分析研究，撰写论文等，将学到的理论知识和现实生活中的实际问题紧密结合，得到综合训练和提高。最后，学生还要在课堂上介绍自己的研究情况，互相交流并训练表达能力等。这种教学方法称为项目教学法，或称为基于项目的学习。"项目学习要求是设计出基于课程标准、符合新时代学生综合表现要求的项目。在以学生为中心、以课程标准为核心的项目学习中，学生从真实世界中的基本问题出发，激发学生学习课程问题的需要，围绕复杂的来自真实情境的主题，在精心设计任务、活动的基础上，以小组方式进行较长时期的开放性探究，制作作品，展示给他人，达到知识建构与自身能力提升，促进他们终身学习技能和素质的发展。我们采用项目学习的教学模式，就是为了让我们的学生将来在社会上能够解决实际的问题。刘景福给出的定义，"是以学科的概念和原理为中心，以制作作品并将作品推销给客户为目的，在真实世界中借助多种资源开展探究活动，并在一定时间内解决一系列相互关联着的问题的一种新型的探究性学习模式"。综上所述，笔者认为项目学习主要关注的是几个关键词，"真实问题"——基于项目的学习是源于真实生活而非虚拟的，用以解决真实生活中的问题；"课程标准"——基于项目的学习在内容上又是与课程内容密切相关的，可以作为一种促进学生学习的教学方法；"自主探究"——基于项目的学习注重持续探究的过程，学生自己设计项目，解决问题，做决定或调查等活动，给学生提供了一个在较长一段时间内自主学习的机会。通过不断研究的积累，最终将真实的项目作品以不同的形式呈现出来。基于项目的学习是一种以学生为中心，强调学生通过自主的项目研究获得知识，提高语言技能，锻炼自身多种综合能力的教育模式。

　　项目学习对学生来说有很多益处，在项目学习中学生参与度比较高、学习态度积极。组织项目学习的教师发现他们的学生愿意为项目学习付出更多的时间；参与项目学习的学生与传统教学活动中的学生相比，对自己的学习更有

责任感;项目学习为学生提供了提高高级思维技能的机会,如解决问题、做出决策等等。学生在项目学习中致力于界定和解决复杂问题,并且自行做出重要决策;许多项目学习都要求学生以小组形式合作学习。认知理论认为学习是一种社会现象,当学生处于合作学习环境时,会学到更多的知识;项目活动让学生在复杂任务中学习,这样可以帮助学生提高组织性,学会自己管理时间和自主学习的技能;从项目学习中获益最多的是那些使用传统学习方法效率不高的学生,在项目学习中,以前对学习感到困难的学生也开始参与进来,他们得到了更广泛的学习机会,因为在项目学习中提供了可以激励不同水平的学习者的策略。

2.“互联网＋”背景下的项目式学习

随着互联网技术的发展与普及,当代信息技术迅速渗透到教育领域中。国内的项目式学习在实践应用中大多不能全面考虑到网络环境对课程学习的相关支持,在网络环境下开展的项目式学习较少。而以“互联网＋”为主导的信息化网络环境下,先进的信息技术可以为项目式学习带来新鲜的元素,弥补传统教育的一些不足。信息化网络环境在资源共享、技术支持、评价管理等多个方面提供的支持主要体现在以下几个方面:

(1)项目式教学重视小组合作,强调学习共同体的构建,充分运用网络交流平台、网络通信工具以及网络教学平台中的讨论区或者交流模块来促进学习过程中的充分交流。相比较以往即时通信技术下的 BBS 论坛、电子邮件系统等服务,一些新的智能化互动交流工具加强了教学平台的交流功能,促进了教师与学生的沟通交流,提供线上线下的及时支持服务。这些“教育装备”的智能化的让项目式学习的课堂更加鲜活生动。

(2)利用网络学习平台,能够更好地实现在项目实施过程中的不同阶段对学生的表现和学习情况进行评估。在追求多元评价方式与管理方面,利用信息化工具帮助教师与学生实现自评互评,网络教学平台下的项目学习能够更好地实现项目研究过程中的各阶段评价,及时地帮助学生进行项目反思。

(3)创设真实问题情境时,利用网络平台中的图片、音频、视频、动画等多种形式,有助于激发学生的想象力与创造力,启发学生对问题的初步思考。制定项目计划可以利用网络平台对各个项目研究小组进行分类,方便教师查看各个小组的工作计划与活动开展,指导项目有序开展。

(4)新兴的微课、慕课不仅提供了丰富的研究资料,也推动着自我学习为主的课程教学理念的更新。微课主题突出,内容详尽、针对性强的特点适合对某一知识点进行示范或者案例剖析。慕课的热潮给传统教育带来巨大的冲击,它规模较大,课程容纳量多,具有线下课堂所不具备的开放性的特点。教师在正确把握课程内容重难点的基础上,为学生推荐与项目主题相关的慕课资源,作为学生课下自学和资料搜集的辅助手段。

(5)移动学习(mobile learning)是借助移动电子设备能够随时随地选择性浏览知识的一种自学方式。它可以让学生在任何时间、任何地点根据自己的需要自由学习。在学习中运用移动 APP 软件学习,应注意所使用的设备能够有效呈现学科知识,更重要的是通过对学生学习资料下载记录,浏览痕迹、登录时间次数、经验共享、问题交流等数据的统计,真实地掌握学生学习状况,密切地跟进“第二课堂”,使对项目式学习教学管理落到实处,学习效果评价有理有据。

3.项目式学习实施

教师在进行项目式学习教学时,要注意以下几个实施的原则:

第一,主体性原则。项目式学习强调学生在教师的指导下自主地进行探究活动,教师为学生提供必要的条件和相关的资源,学生通过探究活动学习相关的知识和技能。

第二,生活化原则。项目式学习的内容应该与学生的生活有紧密联系,这样学生才能够在真实的情境中去探索、思考、分析和实践。

第三,整体性原则。项目式学习的内容应该是多种学科知识的交叉融合,学生在进行项目活动时,也是多种感官参与去获取信息、加工信息等,因此,项目式学习的内容和学习方式都要体现整体性。

第四,最优化原则。项目式学习要求学生利用当前可以利用的一切有效的学习资源,通过筛选、构建,进行创新性的学习,这需要学生在筛选的过程中遵循最优化原则,以取得最好的效果。

第五,创新性原则。项目式学习过程中,学生获取的学习资源是多种多样的,解决问题的方式是开放的,因此,最终产生的项目作品也不是唯一的,这样可以鼓励学生用于创新,大胆地进行尝试去探究活动。

第六,共同参与性原则。项目式学习的参与者不应该仅限于学校的师生,可以将家长和社会其他的力量吸引进来,为项目活动的开展提供更多的途径和资源。

项目式学习的操作程序包括六个基本环节,依次为选定项目、制定计划、活动探究、作品制作、成果交流和评价反思

选定项目→制定计划→活动探究→作品制作→成果交流→评价反思

图 3-5　项目式学习操作流程

(1)选定项目。教师在选定项目的时候一定要考虑到该项目要有一定的挑战性和价值,要跟学生的实际生活相关,学生有兴趣去探究这个问题,并且该项目是学生可以通过探究行动有能力去完成的。

(2)制定计划。项目活动计划的内容主要是学生在进行项目活动时所涉及的如何获取项目资源、人员如何分工等,以及学生对项目学习所需时间做一个详细的时间流程安排。

(3)活动探究。这个环节是需要学生采用一定的研究方法和技术工具进行大量的信息收集,并对收集到的信息进行加工和整理从而解决项目学习中的问题,也就是在这个探究过程中学生获得大部分的知识内容和技能。

(4)作品制作。学生运用活动探究过程中所获得的知识和技能来制作作品(作品的形式可以是图片、音频、视频等多种形式),并展示作品来呈现他们的学习结果。

(5)成果交流。各项目学习小组在作品制作完成之后相互交流学习过程中的经验和体会,交流的形式可以是举办报告会、小型比赛等,参加交流的人员除了本校的师生之外,还可以根据实际情况邀请家长等校外人员一起加入。

(6)评价反思。项目式学习活动的评价方式是多样的,评价的对象有多个,评价的内容也是丰富的。评价方式可以有诊断性评价、形成性评价和总结性评价等,具体可以通过测试、访谈、问卷调查等形式进行评价;评价的对象包括对项目学习小组的评价、对学生个人的评价、学生自我评价等等;评价的内容包括对项目活动设计的评价、项目作品的评价等等。针对获取到的评价结果,教师可以及时地反思项目活动进行的意义等,更好地指导学生完成项目活动。

4.项目式学习的评价

项目式学习模式与传统教学模式的区别之处在于学习评价方式上的创新。改变单一的评价体系,注重"形成性评价"。这种新的评价方式创造性地把定量评价和定性评价、过程性评价和结果性评价进行良好的结合,更注重学生个性发展和综合素质的考核。

(1)评价主体方面由单纯教师评分到师评、自评与小组他评结合。在评价环节加入同伴或者小组成员互评,相对提高了评价的公平性。基于项目的活动为学生提供了调查来自不同同学观点的机会,增进彼此间有意义的交流,发展相关的认知技能。这种来自同学间的评价质量能鼓励学生认真倾听他人的评价意见,帮助教师全面了解每组的真实表现,间接提高反馈的质量。

(2)评价的内容方面,包括项目的选择、项目计划与设计、项目作品完成质量和展示情况等。评价的形式可以在课堂观察记录的基础上运用访谈调查、活动记录、项目成果心得体会等,并细化评价要求,做到公平公正。多角度全方位地把握评价标准,详细制定好评分细则。

表 3 - 1　项目活动评价表

评价内容		评价标准		
学习技能技巧	小组合作能力	A	B	C
	问题解决能力	较强	一般	较弱
	创新能力	较强	一般	较弱
	搜集、整理、筛选、分析、信息能力	较强	一般	较弱
	自主探究能力	较强	一般	较弱
	基本科研能力	较强	一般	较弱
情感态度	学习态度	积极	一般	不端正
	协作交流意识	强	一般	弱
	责任心	强	一般	弱
	耐心意志力	强	一般	弱
	批判性思维	强	一般	弱
项目汇报质量	项目汇报者发音标准,语调正确,语言简洁,表述流畅清晰。			
	项目汇报时小组成员语言组织合理,主题明确,重点突出。			
	项目总结报告态度认真,准备充分。			

表 3 - 2　项目作品评价表

评价内容	评价标准
项目主题选择	项目主题选择是否具有一定研究价值,实践意义。
	项目主题选择是否贴近研究领域,有一定理论依据。
	项目主题是否具有一定创新性。

续表

评价内容	评价标准
项目作品内容	项目作品内容是否丰富,体现研究深度和广度。
	项目作品内容是否框架明确,思路清晰。
	项目作品内容是否有明显的学术性错误。
项目作品展现形式与媒体选择	运用多种形式展现项目,作品表现形式丰富多彩。
	项目作品展示各种媒体选择恰到好处,熟练运用,准备充分。
	是否很好地与多媒体等信息技术结合。
项目作品设计	项目作品设计是否主题突出,紧紧围绕研究的主要内容。
	项目作品设计是否让人明了清晰,通俗易懂。
小组成员配合参与情况	小组成员是否参与到项目汇报中。
	小组成员配合默契,分工明确。

表3-3 项目结果评价表

评价内容	评价结果			
	A	B	C	D
项目汇报质量	非常好	很好	一般	较差
学生对项目式学习自我评价	非常满意	优秀	良好	差
学生对项目成果是否满意	非常满意	比较满意	不满意	很不满意
学生对PSL接受程度	接受兴趣高	可以接受	不感兴趣	抵触
对项目学习是否有心得	有并深刻	有	不明显	没有
项目进展是否顺利	非常顺利	比较顺利	一般	不顺利

(3)教师在评价时也可适时适度地加入竞争机制,为学生的学习增加一些压力,也是对学生心理承受能力和对现实条件适应能力的一种考验,在对比和竞争中激发学生精心准备作品的动力。同时可以观察学生在项目学习过程中所运用的技能和知识以及运用语言的方法,小组的工作开展情况,对于项目完成的满意情况等。力求评价方法多元化,评价的内容多元化,避免以往以卷面分数判定最后成绩的固有模式的不公平性,不合理性。

5.教师转变角色,更新教学观念

与传统教学方法相比,项目式学习带来的教学过程中"教"与"学"的改变使得教师和学生的角色都发生了微妙的变化。传统课堂中,教师处于主导地位,他们主要通过课堂教学以及最后的终结性测验来控制学生的学习过程。教师教学过程中会花费大量时间备课,而课后的反馈相对不足。学生则被动地接受知识,缺少自己解决问题这一过程的体验。项目式学习模式的核心追求不再是把经验性的知识传递给学生为最终目标,而是在教师指导下,学生体验研究项目的过程。教师对自身在教学过程中的角色需重新定位,在项目进行的每个阶段的不同任务中扮演不同的角色。

(1)在项目前期准备阶段,教师用自己广泛的专业知识激活知识背景,向学生提供与项目相关资料,为学生开展一个项目做好铺垫,引导学生选择合适的项目主题,协助学生划分小组,保证实力水平均衡。同时,应当介绍项目式学习内涵、特点、具体操作流程等细节问题,使学生明晰学习方向。在这一阶段,教师主要是引导学生学习的指导者和引导者。

(2)在项目实施阶段,教师根据自身经验和学习任务特点创设问题情境,对每个小组的项目计划给出一定建议,督促学生按计划完成。教师要及时追踪每个小组的学习进度,同时跟进"第二课堂"学习情况,这一阶段教师成为项目学习的管理者和监督者。询问他们在哪个环节遇到了何种困难并加以指导帮助,关注到每个小组的进步与不足。通过教师自己自身的行为和态度的转变,让学生深刻地感受到学生在学习中不仅仅是学习活动的参与者,更是一个项目的探究者和小组中的合作者。

(3)在项目评价阶段,教师根据一段时间的课堂观察,在学生自评和同学互评的基础上对各个小组项目式学习在项目活动、项目结果、作品呈现等方面的表现进行综合评价,帮助学生结合自身体验对项目式学习的过程与效果进行总结感悟。使学生懂得学习不仅仅停留在课堂的几十分钟,课下的搜集资料、精心调研、整理分析以及项目作品的最终呈现都是非常重要的"第二课堂"。项目结束后,教师需要将最终成绩进行反馈,对项目式学习在各阶段取得的阶段性成绩进行肯定,也应指出研究过程中存在的问题。在本阶段,教师主要是项目学习的评价者和反馈者。

(4)对于进步较大而且认真参与项目活动的同学及时鼓励,同时在学习过程中应避免学生过分依赖老师。提醒学生及时发现新的问题,不断寻求创造性的解决办法,在老师所讲授的原有知识的基础上寻求答案,只有这样才能体现学生真正的主体地位。教师还应该关注到平日不太积极活跃的一部分同学,给予每个人展现自我的机会。发挥组长等核心成员卓越的领导能力,但同时也要保证其他的每一位同学都能根据自己的优势特长主动地参与到项目的活动中来。

（5）教师角色的悄然转变也充分反映了 PBL"以学生为中心"的思想。它对教师的综合能力提出了更高的要求，也促进了教师终身学习和专业化发展。这种专业发展应当包含两个部分，一是专业技术的培训，另外是对 PBL 教学中的相关方法内涵和具体措施的了解。

6. 基于项目式学习的 STEM 教育与创客教育

2015 年 9 月，国家教育部在《教育信息化"十三五"规划》中明确提出，要积极探索利用信息技术开展创客教育以及跨学科学习（即 STEAM 教育）等新的教育模式，注重培养学生数字化学习的习惯，提升其创新意识、创新能力和信息素养，促进学生的全面发展，充分发挥信息技术的支撑和引领作用，同年 11 月，刘延东副总理在"第二次全国教育信息化工作电视电话会议"上再次提到：要注重开展创客教育，提升学生的信息素养和创新能力。2016 年 3 月 3 日，教育部教育装备研究与发展中心制定了《教育部教育装备研究与发展中心 2016 年工作要点》，明确指出要加强创新创造教育研究，其重点工作就是普及 STEAM 课程和创客教育。2017 年 2 月教育部印发的《义务教育小学科学课程标准》，明确提出需充分认识小学科学教育的重要性。科学教育是立德树人工作的重要组成部分，是提升全民科学素质、建设创新型国家的基础。STEAM 教育是未来的趋势，具有很大的潜力，可以培养孩子从小学科学爱科学用科学，在开放、交流、分享的氛围下，接触前沿技术、激发创造潜力、动手将创意实现，STEAM 教育所包含的教育意义受到人们的认可和欢迎。STEAM 教育正逐渐成为引领世界教育创新发展的主战场，对我国教育创新发展也产生了重要影响。在《教育 2030：行动框架》中，联合国教科文组织提出了"鼓励学生尽早接触科学、技术、工程和数学（STEM）领域"的教育目标。由此可见，STEAM 教育与创客教育已成为国家教育信息化的重点。

数字化时代的到来，进一步推动教学突破时空限制，促进教与学的双重革命，打造了没有围墙的校园，汇聚海量的知识资源，为学习者提供更加优质、多样、个性化的学习支持，推进不同地区、不同群体之间教育的平衡发展，使得教育公平理念从理想走向现实。这一时代背景为发展 STEM 教育（Science, Technology, Engineer, Math，简称 STEM）与创客教育提供了良好基础，并深入地改变着教师的教学模式与学生的学习方式。

（1）STEM 教育

Science | Technology | Engineering | Arts | Mathematics
the natural universe, where everything comes from　tools & innovative devices, uses & enhanced abilities　purposeful innovation, creation & analysis　humanities, ethics, ideals & expression　fact organizing ba...

　　STEM 是个多学科交融的领域，该领域又存在于教育系统中，因此 STEM 在话语上可以等同于 STEM 教育。STEM 最早影响的是美国高等教育领域，促进大学打破学科壁垒，帮助学生运用多门学科知识解决真实情境中的问题，一直以来受到美国社会各界关注。除了学校，企业、非营利机构、家长以及社区都投入到 STEM 教育中。STEM 教育不仅把科学、技术、工程和数学知识进行简易叠加，还特别强调将原本分散的四门学科组成新的整体。经过几十年的发展，STEM 教育正在美国不同学段的学校以不同的课程或活动展开。与此同时，STEM 教育比较偏向于理科层面的跨学科融合，较受教育决策者和学者的重视。美国弗吉尼亚科技大学学者格雷特·亚克门（Georgette Yakman）还提出 STEAM 概念，其中 A 不仅指艺术还指美（Fine）、语言（Language）、人文（Liberal）、形体（Physical）、艺术等含义（Yakman，2011）。2011 年，韩国教育科学技术部在 STEM 课程模型中增加人文的概念，形成了 STEAM 课程模型（金镇洙，2011）。总之，不论是 STEM 教育还是 STEAM 教育，都是为了更好地帮助学生不被单一学科的知识体系所束缚，促进教师在教学过程中更好地进行跨学科融合，鼓励学生跨学科解决问题。科学、技术、工程、艺术和数学等学科的相互结合，有助于提升学生综合能力和跨学科思维能力。

　　（2）创客教育

　　创客教育（Maker Education）的兴起与创客运动发展密切相关。创客一词来自英文单词 Maker。首次提出"Web 2.0"概念的戴尔·多尔蒂将那些愿意通过动手实践，努力将各种不同想法变成现实的群体称为"创客"。《连线》杂志前主编克里斯·安德森在《创客：新工业革命》一书中将创客描述为："首先，他们运用数字化工具，在屏幕上进行设计，并越来越多地用多种制造工具设计产品；其次，他们同时也是互联网的新一代，因而本能地会通过互联网分享各自的

创意成果,将互联网文化与合作精神带入到整个制造过程中,他们一起联手创造着 DIY 的未来,其规模之大前所未有。"学术界关于创客的研究刚刚起步,对于创客的分析也有着不同视角,对创客没有公认的学术界定。一种视角认为,创客文化是一种反主流文化。

他们将创客运动追溯到 20 世纪 90 年代欧洲黑客(Hacker) 运动。另一种视角认为,创客与 DIY 有密切联系(徐思彦等,2014) 。"创客运动"(Maker Movement) 是美国近几年兴起的鼓励人们利用身边材料、计算机相关设备(如三维打印机) 、程序及其他技术资源(如互联网上的开源软件) ,通过自己或与他人合作创造出独创性产品的运动。克里斯·安德森认为,"创客运动"是让数字世界真正颠覆实体世界的助推器,将掀起一场真正的"新工业革命"。美国耶鲁大学犹采·本科尔(Yochai Benkler) 教授提出"大众生产"(peer production) 概念,将"创客运动"定义为一种基于"大众生产"的创新模式。美国的创客空间一部分受到早期德国创客空间的影响,并与美国自身的车库文化相结合而取得进一步发展。在我国,2010 年初已经出现了少数创客空间,包括"新车间""小小创客""凤巢空间""创客大爆炸"等。2015 年 1 月 28 日,国务院常务会议提出"健全创业辅导指导制度,支持举办创业训练营、创业创新大赛等活动,培育创客文化,让创业创新蔚然成风"。同年 3 月,政府工作报告中首次出现"创客"一词,并将"大力发展众创空间"作为"大众创新,万众创业"的重要支持。创客、创客运动和创客空间的兴起使得创客教育应运而生。2014 年的《地平线报告·高等教育版》指出,未来 3—5 年,美国高校学生有着从知识消费者转为创造者的趋势。创客、创客运动和创客空间在这一转变中将起到关键作用。然而,刚刚起步的创客教育没有明确的学术定义,也没有形成严谨的课程体系和有效的教学实施措施。虽然创客教育未必能成为一个持续的热点或教育领域,但创客教育所强调的学习者也是创造者、学习过程也是创造过程,注重将学习者不同的想法变成现实等,与现代教育理念不谋而合。其次,创客同时也是一种业余爱好,广义上不存在所谓的创客教育,只能说是创客培养;广义的创客培养重点强调创造创新精神。如今所倡导的创客教育更多是以数字化工具为基

础,创客更集中体现在数字化创客上。在这个意义上,本书尝试定义狭义(数字)的创客教育,即通过鼓励学生进行创造,在创造过程中有效地使用数字化工具(包括开源硬件、三维打印、计算机、小型车床、激光切割机等),培养学生动手实践的能力,让学生在发现问题、探索问题、解决问题中将自己的想法作品化,并具备独立的创造思维与解决问题的综合能力的一种教育方式。

两种教育模式不仅同是基于项目式学习的教学方式,而且在其他方面也有些相同点和不同之处,如下表。

表3-6　STEAM教育与创客教育的区别

	STEM教育(或STEAM)	创客教育
主要来源	教育系统发起,社会参与	社会文化引起,教育参与
是否需要引入社会参与	需要	需要
是否跨学科	强调跨学科	创作过程经常需要跨学科
是否解决真实情境的问题	强调真实情境的问题多数来自教师预设	强调真实情景的问题由学生自己发现问题
学生是否要有产出	并非必须	一定要有
是否需要使用数字化工具	并非必须	大部分情况下需要
主要培养的素养品质	跨学科的思维能力解决问题的综合能力	独立的创造思维解决问题的综合能力
教师主要角色	设计者、组织者 讲授者、引导者	支持者
学生主要角色	参与者	创造者

①两种教育模式存在差异,但都需要社会的共同参与。STEM教育最早来自于美国国家科学委员会的报告,后来出现在美国大学以及K-12的报告和文件中。相比于STEM教育的起源,创客教育则不同。创客一词由来已久,创客群体也非常庞大。只不过近年来随着开源硬件、三维打印机、互联网等技术的成熟,创客门槛的大幅降低,创客运动才在社会范围得到长足发展。而后,创客运动受到教育工作者的关注,希望借此培养更多具备创客意识的学生,提升将想法变成现实的能力。因此,创客教育先由社会文化引起,后来引介到教育体系并受到重视。但两者在实践中都需要社会的共同参与。创客教育不仅仅是让学校拥有创客空间,更是通过它激发学生的创客意识,鼓励学生创建自己的家庭创客空间。这些创客空间可以与社区创客空间、创业孵化中心等通过网络

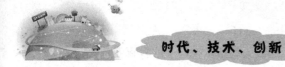

空间进行联动,形成整个创客教育的有序链条与创客文化的良好生态。

②STEM 教育强调跨学科,创客教育则强调创造

STEM 教育强调跨学科,强调不同学科的整合。创客教育的核心是创造,它会涉及不同的学科知识,但其本身不强调学科。也正因为传统教育过程中出现了分科教育的弊端,学科阻隔不利于探索真实情境的问题,才出现了 STEM。因此,跨学科是 STEM 教学的核心要义。创客教育过程往往需要运用不同学科的知识,而且好的创客作品背后也一定有跨学科知识的支撑。例如,设计一个远程控制门锁,就需要用到简单的科学、数学、技术和工程学知识。如果这个控制装置要美观大方,可能还要用到工艺美术相关的知识。因此,跨学科对创客教育来说是根据需要的选择,而产品的创造性才是它的核心。

③两者都强调真实情境问题,但创客教育问题主要来自学生

STEM 教育和创客教育都倾向于指向真实情境问题的解决。大多数情况下,STEM 教育的问题多来自教师的设定和引导,即便学生提出自己的问题,也常在共同讨论的专题内。STEM 教学过程往往会提供综合的复杂情境问题,由学生运用多学科知识开展不同侧面的学习。但创客教育中的问题更倾向于是学生自己提出的。创客教育是帮助学生将想法变成现实,而非让所有学生探索相同的问题。

④创客教育强调真实作品的产出,而 STEM 关注动手实验

创客教育强调学生要设计和制作自己的作品或产品。在这一过程中,学生们可以借助开源硬件的多种模块功能进行组装和改造,也可以借助三维打印机制造自己需要的零部件或特殊外形,还可以借助互联网与其他创客交流互动,进行产品设计。STEM 教育虽然注重实践,关注动手实验,但不强调学生一定要有自己的作品或产品。

⑤两者都关注学生解决问题的综合能力培养,但侧重点不同

STEM 与创客教育都关注在学生学习过程中培养解决问题的综合能力,都基于真实情境的问题进行学习。不同的是,STEM 除培养学生综合解决问题的能力外,更强调培养学生跨学科的多元思维。创客教育更看重学生独立的创造思维的培养,学生需要有自己的创意,并努力实现。

⑥师生角色定位不同

在 STEM 教学中,教师角色更多的是教学设计者、活动组织者、知识讲授者和学习引导者等。教师角色多元,且需要不同教师相互配合,共同引导学生完成某个具体项目。学生则是积极的参与者,独立参与整个项目,或是在小组合

作中共同学习跨学科的综合知识。在创客教育中,学生更倾向于独立创造者的角色,他们需要有自己独特的想法,并借助有效的手段加以实现。在这个过程中,学生虽然也会和其他成员合作,但是为了实现不同的创意,教师则扮演着支持者的角色,不会过多干预学生的想法,不需要预设太多具体的问题以及讲授固定的知识体系。

数字化技术已经深刻影响了人类的学习、工作、思维和交往方式,催生了现实世界与虚拟世界并存的社会形态,创造出更为丰富的文化生态。未来,通过STEM 教育培养学生的跨学科思维方式将成为他们日常生活学习的基本思维方式。学生利用互联网进行学科知识学习,利用各种数字化工具探究跨学科问题将成为常态。另一方面,学校的创客教育仅仅是创客培养的一方面,它的价值在于通过创客教育激活学生的创造思维与创新意识。学生在校内的创客体验可以延伸到家庭创客空间、社区创客空间及社会的创业孵化中心。学生将更有效地运用数字化技术,通过数字化工具降低制作产品的门槛,将自己的创意尽可能地实现。创客教育将有助于更多学生打开学习视野,让他们不仅是学习者,也可以是整个创客运动、创新经济的一分子。

STEM 教育和创客教育都是新兴领域,它们的关系和面临的挑战与问题仍然处于不断变化之中。在数字化时代背景下,STEM 教育与创客教育正在成为已有教育体系中积极应对教育所面临时代挑战的关键组成部分,正在深度影响着教师的教学方式,改变着学生的学习方式,重构着教学组织和对应的评价体系。

随着信息技术的迅速发展及其对教育领域的不断渗透,教育信息化在教育改革和发展过程中的重要性日益凸显。信息技术与教育的融合经历了“起步”“应用”“整合”和“创新”四个阶段。信息技术不仅革新了传统教育模式,而且营造了全新学习环境。我国信息技术与教育的融合发展还处于初步应用整合阶段,推进信息技术与当代教育深度融合应通过解放思想、制度创新、对外开放、创建协同创新中心等途径加速我国教育现代化进程。

第二节　新技术增强学生的内驱力

新技术的扑面而来带来了许多新的工具和资源,使我们实现“因材施教”“教育公平”等教育理想有了更大可能性。互联知识资源的极大丰富以及云技术、网络技术的成熟,带来了可以覆盖和服务大量受众的人才培养方式;大数据和学习分析技术的发展,让信息技术支持下的个性化学习成为可能。物联网的

发展以及基于此的更真实的教育环境以及教育空间的设计,让教育没有围墙,学习没有边界。为了应对这样的教育新形势,各个教育部门、学校和教师纷纷投入到新技术的应用尝试当中,充分挖掘技术在教育中的创新应用模式,一些学校和教师也总结出了很多好的做法和经验,下面展示一部分比较有特点的课例供大家参考和学习。

一、3D 打印课程"搬运机器人策略物的设计与制作"

在 STEAM 教育理念的指导下,四川省成都市七中的夏小刚老师以学生遇到的真实问题引入,采用项目式学习,借助 3D 打印物化创意、产品测试改进的方法开展 3D 打印教学,取得了良好的效果。成都市七中于 2015 年建立了"七初 DIY"社团,该社团由夏老师和一名物理老师共同负责,社团由 25 名对科技特别感兴趣的学生组成,以学生科技活动、科技制作为主。第一次课上,夏老师给学生们讲解了 3D 打印原理,展示了 3D 打印的基本流程,同学们都异常兴奋。课后他们告诉老师:"多么神奇啊!打印机立马可以打印出立体的东西。真的是'立等可取'哟。以后我们想要玩具,可以直接 DIY 打印一个,我们想要杯子,DIY 打印一个……哇,这就是科技发展给我们带来的新奇之处。"一段话足见同学们对 3D 打印技术的欣喜。在接下来的课程里,学生们依次学习了 123D Design、3Done 两种 3D 模型设计软件,用来制作水杯,制作 3D 校园模型以及 3D 打印挂件制作。下面介绍一下"搬运机器人策略物的设计与制作"的教学实践过程。

1. 课程背景

2016 年 11 月,成都市七中的部分学生参加了第十四届四川省青少年机器人创新实践活动(普及组)的六足搬运机器人比赛。学生们通过自己的努力,搭建好了自己的抬升式、夹取式机器人。在比赛过程中发现机器人在执行搬运乒乓球任务的时候,夹到球或者铲到球的概率非常小。经过仔细阅读比赛规则,夏老师发现可以自行设计策略物,于是夏老师结合比赛中遇到问题及本学期学习的 3D 打印技术内容设计了此次的"搬运机器人策略物的设计与制作"的课程。

2. 教学设计

本课时为工程应用阶段的第 3 课,学生通过桥的例子已经初步掌握了工程设计的基本流程和熟练操作 3D 打印机的方法。学习模块为 3D 打印模块。教学对象是 DIY 社团学生(七、八年级)。

（1）课程设计理念

STEAM 是科学、技术、工程、艺术和数学五门学科的简称,强调多学科的交叉融合。STEAM 教育强调将五门学科内容组合形成一个有机整体,从而更好地培养学生的创新精神与实践能力。"3D 打印创意制作"为成都市七中 STEAM 系列课程中的一门核心课程。课程以培养学生创新思维和实践能力等核心素养为目标,采用项目式学习方式实施教学。基于创造的学习过程包括实证调查要解决的问题,建构解决方案,以及科学和工程研究必需的分析与评价,这些活动形成的是一个循环迭代过程。

（2）学情分析

"七初 DIY"社团有 4 名学生参与了比赛,但是成绩并不理想,于是我们计划在社团课上开展搬运机器人策略物设计教学,引导学生用 3D 打印技术解决遇到的问题。学生们通过前面课程的学习,初步掌握了 3Done 软件的基本操作、如何设计基本的 3D 模型、3D 打印的基本流程等知识。同时,学生对 3D 打印实践有浓厚的兴趣。

（3）学习目标

课程充分体现了多学科的交叉融合,科学目标:了解并掌握科学探究的基本方法和步骤;技术目标:熟练掌握"减去"命令,更加熟练应用 3Done 软件和切片软件,培养发现和解决问题的能力;工程目标:知道如何设计结构稳定的策略物、装载机器人策略物、正确使用螺丝刀,培养合作能力;艺术目标:设计具有一定美感的策略物;数学目标:能有效测量 3D 模型和机器人零部件的尺寸,掌握应用数学知识解决实际问题的方法,培养思维的逻辑性和缜密性。

（4）学具准备

3D 打印机、PLA 打印材料、3D 模型设计相关教程、比赛规则(简化版)、学习卡、相关操作工具,尺子、笔、纸张、iPad 等学习工具。

（5）学习流程（如下图）

学习环节	学生活动	教师活动	设计意图
解决技术问题	参考教师的讲解进行操作	解决上节课遇到的问题:减去、草图绘制与扫描、移动与旋转	解决上节课的问题,为本节课的设计与制作提供技术支撑
情境引入	阅读"搬运机器人"比赛规则,构思解决方法	询问参赛学生搬运机器人比赛遇到的问题,呈现搬运机器人比赛规则	引入主题,激发学生学习兴趣
设计解决方案	根据小组讨论的解决方法设计初步的解决方案(明确分工:测量、草图绘制、3D设计、数据记录)	首先集中解读规则,强调注意点	小组合作提高效率
展示3D模型	3个小组主动展示解决方案(3D模型),并阐述理由	组织学生质疑和补充方案,教师适当提出修改意见	暴露遇到的问题,集体探究解决方法
打印策略物	根据建议修改模型后,各小组合作有序打印本组模型	教师指导学生正确操作打印机	3D打印实践,培养动手操作能力
测试策略物（课后）	各小组装载打印好的策略物并进行搬运测试	指导学生测试并给出意见	通过实践检验,进一步完善作品

图 3-7　学习流程

(6)学习评价

小组合作评价(教师评价＋小组自评);解决方案评价(小组互评);搬运比赛评价(以实际得分为准)。

3.教学实践

(1)解决技术问题

在进入实战之前,请同学先来解决上节课设计和作业中存在的几个问题:①减去(外方内圆的水杯);②草图绘制与拉升;③扫掠;④移动与旋转。学生上台讲解、演示,教师适当补充。

(2)情境引入

有同学问:老师,我们今天究竟要打印什么模型? 老师:我们今天要打印一个和我手中的机器人相关的模型,(生:自己设计一个机器人吗?)但不是这样一个机器人,是我们完成机器人比赛的策略物(也就是辅助机构)。咱们社团有4名同学参加了本次搬运机器人比赛。我想问问你们,在机器人设计中你们遇到了哪些问题? (生:夹不起球、纸壳容易卡住等)。那么今天我们就来设计这样一个夹取或铲起乒乓球的策略物。在设计解决方案之前,我想请各小组再次仔细阅读比赛规则,特别是老师标注颜色的内容,看完比赛规则,小组简单讨论一下解决方案。

(3)设计解决方案

在大家正式进入方案设计环节之前,夏老师先提醒几点:(展示 PPT)机器人的大小不能超过 25cm×15cm、策略物如何固定、考虑乒乓球的大小、考虑球筐的高度、最大抬升高度和夹取宽度。同时,可以看看实际生活中是如何夹取和抬升物品的,在设计过程中可以参考夹取机器人、叉车和推土机的结构。下面我们分小组开始设计方案,要求如下:①时间:10 分钟;②小组分工,测量 2人,设计草图 1 人,3D 建模 2 人,数据记录 1 人,③提交 3D 模型至 Moodle 平台。夏老师则巡视指导各小组分工合作,各小组开始分工设计方案、测量机器人尺寸、计算策略物的尺寸,各小组设计的策略物五花八门:有方框、铲子、夹子等。

(4)展示 3D 模型

10 分钟后,夏老师请各个小组来展示解决方案。展示的时候小组成员都要上台,先展示设计方案,阐述理由,然后展示 3D 模型,陈述安装方法。有的小组展示了本小组的类似方框的 3D 模型,他们充分考虑了球筐的大小和 0.5cm 的高度,设计大小可以容纳 4 个乒乓球;有的小组展示了夹取策略物,综合考虑了机器人长度,并用热熔胶实现了增加轮子的摩擦力;有的小组展示了类似铲子的模型,他们给铲子做了倒角处理,加高了护边,并且考虑了策略物如何安装,给铲子的四个顶点打了孔;有的小组设计了一个类似第一小组的方框,但他们的方框只有三面,并且内部设计成空心,减轻重量。

(5)打印策略物

通过老师和学生的评价,各小组同学按照老师和同学们的意见做一下修正,然后上传至 Moodle 平台,各小组依次切片、打印。因为时间的关系,一节课时间没法打印完作品,只好请同学们课下再来测试打印好的策略物。最后夏老师总结道:实践是检验真理的唯一标准。3D 打印是一个很好的个性化定制工具,用以解决我们生活中遇到的问题。在今后的生活和学习中,我们要善于发现问题,同时应用所学的知识去解决这些问题,让我们的生活更加美好。

"创客教育是创客文化与教育的结合,基于学生兴趣,以项目学习的方式,使用数字化工具,倡导造物,鼓励分享,培养跨学科解决问题能力、团队协作能力和创新能力的一种素质教育。"而 3D 打印机则是创客教育造物环节不可或缺的工具,在课程设计中我们应避免单纯教技术,而应该着重培养学生利用 3D 打印解决实际工程问题的能力。

二、虚拟现实技术在高中生物教学中的应用

时至今日,VR 应用最广泛的硬件设备是虚拟现实头盔。由于技术的发展,VR 技术的难关逐渐被攻克,世界众多公司加入到虚拟现实头盔的竞争中。目前,市面上比较流行的虚拟现实设备有 Facebook 的 Oculus Rift 、HTC 的 vive、索尼的 Play Station VR 等。虚拟现实如今是一个热门的词汇,每天的科技新闻当中都会报道虚拟现实,虚拟现实被认为是下一个颠覆人类生活的新技术之一。

当今我国教育不断改革,科学技术也不断进步,国家越来越强调素质教育,培养实用性人才,传统的教学方式已经难以满足当今教学的任务。虚拟现实技术由于其具有交互性、沉浸感和构想性等特征,可以充分调动学习者的思维和感觉器官。在传统的教学方式里,学生在做生物的实验时,如接触一些危险性的药品,教师往往都需要提前布置以防学生进行实验时遇到危险。如果将 VR 引入生物实验的教学过程中,教师可以采用 VR 技术构建一个和实物同样的三维物体,如虚拟实验室,同学们可以"走进"这个虚拟实验室,实验室向实验者提供图文声并茂的实验预备知识,学生可以进入虚拟空间随时随地地认识这些仪器设备,也可以身临其境般地操作虚拟仪器。VR 技术并不受场地等外界条件限制,也不消耗器材,便于进行反复操作,而且虚拟实验室安全性高,不受外界

影响。我们可以从下面的几种方式进行高中生物的教学尝试。

1. 用 VR 构建微观场景，呈现物质结构或反应过程

《高中生物·必修（一）中》，第二章"组成细胞的分子"有机大分子是教学上的难点。例如，高一上学期在学习生物的有机大分子时，化学学科还在学习无机物，学生对有机物的结构完全不了解，而传统的教学模式都是二维的，教师对有机分子的空间结构的教学只能是把自己的空间想象介绍给学生，然后由学生通过自己的想象去构建这些分子的空间结构，可想而知效果是大打折扣的，学生甚至会理解错误。对此，可以用 VR 技术构建一个微观场景，将分子的结构通过立体的方式呈现出来，学生可以将这些分子进行放大、缩小、旋转等操作，还可以将这些分子之间发生反应的过程也呈现在 VR 之中，比如氨基酸脱水缩合反应形成多肽的过程，高中生往往对这个反应的过程不能很好地理解。如果通过 VR 技术让这个反应呈现在自己面前，让学生"走近"分子，去"感受"这些分子的结构和功能，这种最直观的感性认识是传统教学方法无法比拟的。细胞的结构和功能是教学重点也是难点，特别是第五章"细胞的能量供应和利用"里面的光合作用和呼吸作用是高考的核心考点之一，但学生学到这一章的时候都觉得难，原因是学生只能被动地接受光合作用和呼吸作用的过程图解，然后死记硬背记忆这个知识点，所以考试的时候如果出现与此相关的问题，学生不能灵活地运用，得分也不理想。如果我们引入 VR 技术构建一个大型的细胞模型，这个模型可以放大、缩小、旋转等操作。当我们学习到这一章内容时，我们可以放大细胞内部的结构，直接进入到线粒体和叶绿体当中去观察它们的结构。如当进到叶绿体时，我们可以在类囊体薄膜上观察光反应的过程，从中直接观察到这个过程。如果考试的时候再出现光反应的场所学生就不会犯错了，因为这个过程不是靠死记硬背得来的，而是通过眼前的直观感受得来的。

2. 用 VR 构建虚拟环境，重视操作突破难点

《高中生物·必修（二）》是高中生物学中最难的一本书，里面的内容设计非常丰富，如果能将 VR 技术引入教学中，预计能够达到很好的教学效果。如第一章"遗传因子的发现"，教师可以用 VR 技术向同学们展示孟德尔八年的豌豆实验的历程。这个历程不但可以看，我们还可以"扮演"孟德尔在虚拟的环境下操作人工异花传粉的过程，观察授粉后豌豆的生长过程。我们在设置虚拟环境时，可以加快豌豆的成熟速度，等到豌豆成熟时，自己动手统计不同性状个体的数量。通过以上的过程完成孟德尔当年发现遗传规律的壮举，这样既能从技能方面锻炼学生的动手能力，也能从情感方面让学生深刻地感悟科学发现过程的

乐趣和艰辛。第二章"基因和染色体的关系"中的减数分裂的内容可以和前面有丝分裂的内容放在一起学习,用 VR 技术构建两个动态的细胞分裂过程,学生可以从多维直接观察、对比这两个过程的异同点。同时,教师也可以在细胞分裂当中的每条染色体上标注一个基因,在减数分裂染色体的移动过程里面就可以发现基因变化的规律,从而将前后的内容有机地联系在一起。第三章"基因的本质"和第四章"基因的表达"中的 DNA 相关知识,教师可以从 DNA 的空间结构展开教学,而对于某个物体的空间结构的探索,VR 技术无疑是最好的教学手段。如用 VR 技术构建一个微观场景,将 DNA 分子的结构通过立体的方式呈现出来,学生可以将这些分子进行放大、缩小、旋转等操作,还可以让这些分子之间发生反应,探索 DNA 的复制和基因的表达过程,从空间和时间上了解这些过程。

3. 用 VR 构建三维模型,直观感受生物内环境

《高中生物·必修(三)》"稳态与环境"里面探讨的生物问题有别于前面两册的内容,其内容都是宏观方面的。如第一章"人体的内环境与稳态"和第二章"动物和人体生命活动的调节"这两章的内容,教师可以用 VR 技术构建一个人体的三维模型,当学生进入到虚拟环境中的时候,看到的是一个完整的"人",这个人内部心脏在跳动,血液在流动,胃和小肠在蠕动,大脑的电脉冲活动也在进行。学生们将这个人放大,定位到肝组织,可以看到里面的血液在流动,组织细胞不停地和内环境交换物质进行新陈代谢。转移到肺组织,可以看到肺泡里面充满了气体,氧气和二氧化碳在这里不停地交换进出毛细血管。转移到脑组织,可以看到大脑中的某个神经元正在通过它的细胞体和树突接收上个神经元的信号,并经过它的轴突传到下一个神经元。转移到下丘脑,可以看到它正在卖力地生产促甲状腺释放激素,跟踪这个激素,发现它作用的部位只有垂体,当垂体表面的受体接受促甲状腺激素释放激素,垂体细胞就会生产促甲状腺激素,紧接着跟踪促甲状腺激素可以看到它作用的部位只有甲状腺。观察完这些过程,学生也就基本掌握了内环境的稳态、神经调节、体液调节的主要内容。第三章"植物的激素调节"里关于生长素的发现的科学史学习,传统教学是讲述法,效果往往不理想,起不到任何的教学效果,反而让学生觉得枯燥乏味。如果用 VR 进行教学,教师可以设计若干组胚芽鞘,让学生自己来完成科学家做过的实验。如学生可以切下一组胚芽鞘的尖端,看胚芽鞘如何生长。再如,学生可以用锡箔罩子包住胚芽鞘任意位置,看胚芽鞘的生长过程。在探讨生长素的生理作用和其他激素的时候,教师可以像上一章内容一样构建一棵"树",同学们

将这棵树放大,定位到幼嫩的芽,观察生长素合成之后的转移和作用部位,如顶端优势现象。学生也可以将这棵树横向放置,根据树根的向地生长的特性,探讨生长素作用的两重性。同样学生也可以在这棵树的其他部位观察其他激素的合成及他们的功能。

2016年被称为"虚拟现实元年",VR硬件设备和软件公司如雨后春笋般层出不穷,但无法掩饰的是现在VR硬件设备不管从硬件还是软件上都有待发展。硬件配置高的VR头显可以基本胜任教学需求,但价格非常昂贵。价格低廉的VR头显配置过低,也达不到教学的要求。而且佩戴这些VR头显时间长了会出现眩晕感。软件上也是非常缺乏,现在绝大部分VR软件都是与游戏相关的,与教学相关的非常少。但VR技术的优点是明显的,如果能将VR技术有效地应用于教育,必将是一次全新的教育革命,现代生物学的教育应该走向多元化、信息化。

三、数据分析在小学数学教学中的应用

随着社会的发展,信息技术在教育领域的应用越来越广泛,在教育领域每天都有大量的教学数据产生。如何利用好这些数据,从中获得有用的信息,"让数据自身说话",对课堂教学进行科学、准确、直观、及时的反馈。所谓数据分析,是指用适当的统计分析方法对收集来的大量数据进行分析,提取有用信息并形成结论,从而对数据加以详细研究和概括总结的过程。数据作为信息的主要载体,在当今的信息化社会中扮演着重要的角色。各行各业的各个领域数据无处不在,数据为我们提供了丰富的信息,数据分析在电子商务领域发挥了巨大的作用。下面我们将以"电子书包"为依托,以"小数乘法"单元复习为例,总结数据分析在课前、课中、课后的应用方法。

1. 课前分析数据,了解学生知识薄弱点

"小数乘法"单元复习的主要内容有小数乘法、积的近似数、整数乘法运算定律以及运用小数乘法解决简单的实际问题四个方面。因而本单元我们就围绕这四个方面的知识点进行前测。测试内容见下表,测试方法是运用"电子书包"检测,测试时间是课前的早读时间,测试班级是五(9)班,测试人数为43人。

表3－4　测试内容

知识点	题目
小数乘法	1.12.8×42＝（　） 2.0.56×0.15＝（　）积的近似数 3.0.45×1.7≈（　）得数保留2位小数 4.一袋大米的价格是每千克3.85元，买2.5千克应付（　）元。
运算定律应用	5.2.4×0.56＋7.6×0.24＝（2.4＋7.6）×0.56运用的是（　）律。 6.0.63×101＝（　）＋（　）
解决问题	7.某市自来水公司为鼓励节约用水，采取按月分段计费的方法收取水费。 12吨以内（含12吨）每吨2.5元，超过12吨的部分每吨3.8元。 （1）小云家上个月的用水量为11吨，应缴水费（　）元。 （2）小云家上个月的用水量为17吨，应缴水费（　）元。

对所有题目，学生都需要在电子书包上直接作答，其中第1和第7题要把解答过程拍照提交，留作备查。前测结果如下图所示。

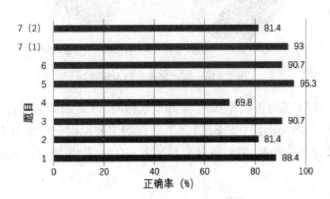

图3－8　小数乘法前测各题正确率

从题目的正确率可以看出，学生的薄弱知识点主要在第2题"小数乘小数"的计算、第4题"结合实际情况求近似数"以及第7（2）题"分段计费"上。通过进一步查看学生拍照提交作业的情况，结合数据分析得出如下结论：

（1）如下图所示，第2题错误的原因主要是学生计算过程中乘法计算错误和小数点位数点错。在复习的时候要注意培养学生明算理、懂算法、会计算。

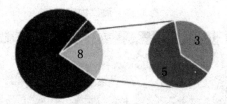

·方法对计算对 ·方法错计算对 ·方法对计算错 ·方法错计算错

图3-9 第二题作答情况统计图

(2)通过观察下图可以看出,第4题错误的原因不是学生没有掌握方法,而是在计算时没有考虑实际情况,把答案直接写成9.625元,而人民币的最小单位是"分",也就是说最多只能有两位小数,所以本题的正确答案应该是9.63元。

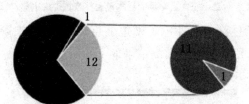

·方法对计算对 ·方法错计算对 ·方法对计算错 ·方法错计算错

图3-10 第四题作答情况统计图

(3)第7(2)题的正确率虽然与第2题相同,但是结合数据进一步分析发现,学生做错的原因不同(如下图)。本题错的主要原因是学生没有读懂题目,所以对分段计费的问题,需要教师引导学生学会读题,理清题目之间的关系,才能正确解答。

·方法对计算对 ·方法错计算对 ·方法对计算错 ·方法错计算错

图3-11 第七题(2)作答情况统计图

2.课中分析数据,掌握教学目标达成度

结合前测数据的反馈情况可以看到,学生在小数乘小数的计算方面普遍较弱,在利用运算定律方面掌握较好,在解决实际问题方面还存在比较大的审题问题。因此结合前测的反馈数据以及教材的重难点,我们将本节复习课的教学目标设定如下:

（1）掌握小数乘法的算理和算法,会正确计算小数乘法。

（2）会运用四舍五入法求积（小数）的近似数。

（3）会用整数乘法的运算定律进行小数乘法的简便运算。

（4）能用小数乘法解决实际问题。

本节课在课中教师首先针对学生存在的算理算法问题进行重点讲解,让学生进一步熟悉小数乘法列竖式计算的算理、算法是什么,如何计算以及计算过程中需要注意哪些问题。另外,针对学生审题不清的情况,教师要引导学生逐词逐句分析题意,理清关系,最后列出正确算式。同时,在解决学生前测中存在问题的同时,学生在课堂上可以提出自己遇到或者感到困惑的任何问题,教师有针对性地解答。为了检验复习的效果和目标达成度,教师在课中设计了 7 道练习题进行后测。题目需要学生在"电子书包"上直接作答,其中第 6、7 题需要拍照提交解答过程,题目见下表。

表 3 - 5　"小数乘法"单元复习后测内容

知识点	题目
小数乘法	1. $7.6 \times 0.82 = (\quad)$ 2. $3.25 \times 0.31 = (\quad)$ 3. 4.03×0.07 的积是（　）位小数
积的近似数	4. 一斤猪肉12.5元。买2.5千克应付（　）元。 5. $5.9 \times 3.14 \approx (\quad)$ 精确到百分位。
运算定律应用	6. 用简便方法拖式计算：$2.73 \times 99 = (\quad)$
解决问题	7. 某市电力公司为鼓励节约用电,采取按月分段计费的方法收取电费。80千瓦以内（含80千瓦）,每千瓦0.55元。超过的部分,每千瓦0.62元。小欢家上个月用电95千瓦,应缴电费（　）元。

通过课中的复习,测试统计图如下图所示:

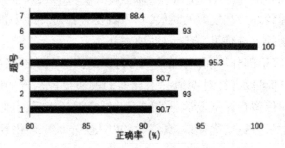

图 3 - 12　"小数乘法"后测各题正确率

通过对比可以发现,同样的知识点,学生的正确率有了明显提升,与此同时,学生的小数乘法计算还需要加强训练。而在最后一道题目中,虽然大部分学生已经读懂了题意,但是由于本题涉及多步计算,正确率一直不高,是今后需要加强训练的一个知识点。

3. 课后分析数据,进行一对一培优补差

传统的课堂教学除了多媒体课件,很少有数据留存下来,而利用电子书包的课堂,学生所有题目的作答情况,以及每次练习的情况都可以作为电子资源保存下来。通过观察这些数据,我们可以明显地查看到哪些学生在本单元的学习中存在哪些问题。下图是 A 同学历次练习正确率与全班正确率的对比。

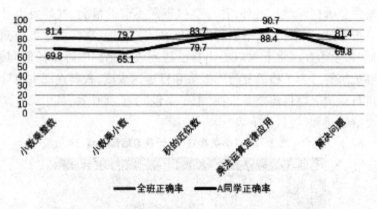

图 3 – 13　A 同学历次练习正确率与全班正确率对比图

传统教学更多的是通过单元测试以及期中期末测试进行结果性评价,很难通过数据进行过程性评价。利用"电子书包"则可以实时反馈和收集每次的数据,可以清晰地看到每位学生的学习过程,进行过程性评价。从这个折线图可以明显地看出,A 同学在本单元的学习中大部分时间正确率在全班的平均水平之下,特别是小数乘小数计算正确率最低,反而在利用运算定律计算这部分,因为更多的是简便算法计算,A 同学的正确率高于全班的正确率。这说明他在知识运用方面掌握较好。在复习的时候,教师就要有针对性地去进行小数乘法的练习和解决问题的重点练习,有针对性地去补差。

同样,在班级里部分特别优秀的学生,每次的正确率基本都接近 100%。针对这类学生,教师可以有针对性地去引导他们解决更深层次的问题,而不是将自己的学习仅仅停留在课堂上学习的知识。结合课堂上反馈回来的数据,我们可以更好地对学生进行培优补差,真正做到以人为本的个性化教学。

四、小学科学的"生命世界"教学应用

2017年4月,国家教育部正式颁布《义务教育小学科学课程标准》,规定小学科学课是"培养学生科学素养的启蒙课程",内容包括"物质世界""生命世界""地球与宇宙""技术与工程"等四大领域。对于科学基础教育而言,"互联网+"环境下的课堂教学研究方兴未艾。

"互联网+"时代的生命世界教学流程,打破了原有单一的目标追求,在不轻视知识目标的前提下,以变革学习方式、提高人员素质为总目标,通过具体、真实的学习情境加以落实。

1.教学目标

科学知识——了解生物体主要特征,观察生命活动及周期,学习人体保健知识。

科学能力——观察、动手实践、思维创新、科学语言表达。

科学态度——提高兴趣、创新求实、乐于分享。

科学与技术、社会、环境——与日常生活关联、关注社会发展、与自然和谐相处。

2.教学实施

(1)大胆尝试新技术

①增强现实技术,支持对生命世界的有效观察

"大小兼顾"——六年级同学了解微生物时,教师先提供放大镜让学生观察,接着利用与平板电脑等移动设备相配套的微距摄像头帮助学生观察同一个物体、拍摄画面。毛发的结构、纸张的纤维、"小池塘"微生物的生命活动与繁殖、蚁蚕出壳……孩子们通过跟踪观察可以小中见大,领略到生物世界的多样性与生命活动的普遍规律。"虚实结合"——"实"指传统实验,如制作标本、观察生物切片等。而"虚"则是指利用"虚拟实验室""仿真实验盒"等工具软件进行观察、测量。如《怎样搭配食物》一课,学生利用PHET虚拟饮食产生热量并模拟消耗热量,合理预测身体心血管健康水平,引导学生科学管理饮食与运动;《食物的消化》一课中,在学生无法直接观察人体的情况下,用VR技术"抓取"心脏、"解剖还原"心脏内部结构及运动状态时发生的变化。今后类似的技术会广泛运用于各学科领域的学习之中。"有快有慢"——"快"指高速摄影,"慢"指延时摄影。前者适用于记录快速运动的生物体,如"蜂鸟采蜜""青蛙捕食"等难以捕捉的现象用该技术解决;后者适用于拍摄生长速度缓慢、不易为肉眼察觉的生物变化过程,如"小草喝水""植物茎的生长""蚕宝宝的一生""蚂蚁的

生活习性"等;当学习素材积累到一定程度时,可以对不同种类生物进行比较,节约时间,提高学习效率。

②数字化传感器,支持科学探究向纵深发展

"互联网+"时代,数字化传感器成为生物研究领域的"当红明星"。例如,学习了水的"毛细现象"后,教师引导学生通过湿度传感器监测土壤湿度,探究"土壤湿度与哪些因素有关",针对"蚂蚁喜欢吃什么"这一科学问题,教师帮助学生用 SparkVue 自动统计蚂蚁摄取某种食物的来回路径,学生根据统计结果对蚂蚁的食性进行分析;在学习《呼吸与心跳》时,学生利用"心率/血压/脉搏传感器"以自己为样本监测心率、血压、脉搏,通过数据对比分析,找到三者间规律。随着"工程与技术"进入科学教育课程,创客使用的"造物工具"大量涌入课堂。结合不同的学习内容及学习需求,更多人开始致力于开发利用传感器为学生开展有意义、有深度的探究活动服务。

③交互式学习平台,集聚生成课程资源

"交互式学习平台"是一个多元化信息的"集大成者"。它首先是信息发布的载体,其次是提供学习辅助的支架,还是对学习过程进行管理、评价、反馈的工具。随着信息技术与课程改革深度融合,人们对信息平台的开放性与交互性要求越来越高。有了交互与开放,学生学习开始从"单向知识传授"到"全方位浸润式学习",也使得信息技术与教学改革实验具有了突破性进展。未来时代,资源的共同开发与共同享用已是大势所趋,"合作共联、智慧共享"的自媒体时代已经到来。

(2)应用信息技术的优势

①真实任务情境下的主动探索

真实有趣的任务情境由师生共同营造。从真实的生活中发现并关注一个问题,创设出一个问题探究的情境。"互联网+"环境下的生命世界问题情境应具有如下特征:基础广泛,与生活和自然中的生命现象紧密结合;真实生动,容易激发学生探究生命世界的兴趣;形式多样,对生命世界的探究较少受到时间、空间、场地等限制;短小精悍,直接指向学生要探究的生命世界本身。

②自主探究课堂中的民主开放

现代课堂的核心是民主与开放。"互联网+"的大环境中,学生对生命世界的探究过程要更加民主与开放。基于"互联网+"开展的科学探究过程具有如下特征:学习方式开放,资源动态生成;探究过程高效,任务协同完成;学习方法科学,自主建构知识体系。"互联网+"提供了学习的"脚手架",更多提供甚至超出了现实世界所能获得的学习资源。如微观世界的生命活动、漫长的生命过程、有生命物质的内部结构、生物的深化等。

③探究过程中的思维培养

小学生对于生命世界的认知主要以感性经验为主,兼有规律建构。科学领域一直倡导"做中学",通过真实有效的探究活动促使学生主动发展。一个经得起推敲的科学结论要建立在对现象"聚类分析、归纳转化"的基础上。具体来说,这个过程应包括观察与记录、分析与综合、比较与分类、抽象与概括、推理与类比等。"互联网+"时代的科学课堂,除了借助常规的科学仪器,更多借助数字化传感器进行观察、测量和收集数据,并在此基础上进行精准的统计、分析而得出规律或结论。

五、大数据下的语文课堂教学行为数据的研究

新技术的应用不仅对于教学有着翻天覆地的变革,对教学研究方面也有着重要的促进作用。下面通过两节"同课异构"的高中语文课课堂教学行为数据的对比分析,研究课堂教学问题的设计对师生教学行为的影响,总结提炼课堂教学问题设计的规律,用以提高问题设计的质量。

1. 分析方法

主要运用课堂行为大数据分析方法,包括编码体系分析方法和记号体系分析方法。编码体系中的 S－T 分析方法用以对课堂教学进程的分析。S－T 分析法通过 S－T 图和 Rt－Ch 图对课堂活动结构进行分析,其中,Rt 是教师行为占有率,Ch 是师生行为转换率。根据不同的 Rt 和 Ch 值可以将课堂教学模式分为练习型、混合型、讲授型和对话型四类。记号体系分析法用以分析课堂中教师提问的类型,并分析师生对话中所蕴含的知识结构。下面主要通过记号体系中的问题类型分析方法(即"四何"问题分析方法)和课堂有效性提问分析方法进行分析。以教师行为和学生行为为主要研究对象,通过实时课堂信息采集,将师生行为进行量化,依据量化结果,揭示课堂中的教学结构。

2. 两节课的问题设计分析

(1) 同课异构课程设计

将两节同课异构的"小狗包弟"课分别命名为"小狗包弟 1"和"小狗包弟 2"。在本研究中,"小狗包弟"一课要求学生完成以下任务:①理清全文的思路。②如何正确解读作家放弃包弟的举动。③认识当时的背景带来的社会不安。④品味文本,感悟作者所表达出来的自我剖析等精神。本案例"小狗包弟"两节课的教学流程示意图如图 3－14 所示:

课前引入：通过图片，视频等了解背景："文革"那些事	阅读导入：李存光《巴金传》巴金—20世纪中国的良心
熟读全文：思考作者给我们讲述了怎样的故事？	快读课文思路：文章围绕包弟写了哪些事情？情感态度前后发生了哪些变化？
对比学习：为什么要先交代艺术家和狗的故事？起到什么作用？	精读课文探主旨（一）：第一段，似乎与题目无关，能否删去？为什么？
读7-9段：找出小孩提狗的句子，并重点揣摩有深意和内涵的词。	精选课文主旨（二）：2本文仅仅是写小狗么？还写出了什么？
读10-13段：找出作者自表示歉意的语句。	设身处地（一）：假如你和巴金处于同样的境地，你会送走包弟吗？为什么？
小结：认识自我、关注历史	设身处地（二）：如果你也送走了包弟，你会像巴金一样深深忏悔吗？又为什么？

图 3-14　教学流程图

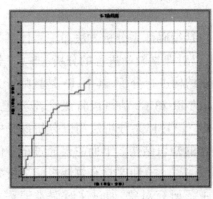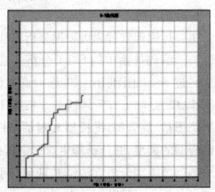

图 3-15　S—T 图

　　基于学生学习经验的差异,教师采用了不同的教学活动设计。如图 3-15 可以看出:"小狗包弟 1"的问题集中于对课文语句和叙事方式的理解,学生在本节课中主要围绕文章语言和文章故事情节进行分析与讨论,而对作者为什么这样做和文章所处的背景环境方面没有做更深入的分析。"小狗包弟 2"的问题则开放了许多,学生在本节课中能够较为深入地感受文章背景,并能够发散自己的思维,对作者的做法进行批判。由于两节课问题集设计的不同,从而两节课的课堂结构、知识结构、思维训练影响是不同的。接下来,笔者对两节课的数据进行了对比分析。

（2）面向课堂教学结构分析

从 Rt – Ch 图可以确定"小狗包弟1"和"小狗包弟2"分别为对话型课堂和混合型课堂，为什么会有这样的差异？从数据上分析，此情况是两位教师的问题设计不同，才产生了教师行为的不同。两节课的 S—T 图所示，不同的曲线代表不同的教学进程。"小狗包弟1"课堂中曲线中有较多锯齿，说明师生交互比较频繁，学生参与积极性高，表现为对话型课堂，但教师问题比较密集，会导致核心问题不突出；而"小狗包弟2"问题密度略有降低，表现为混合型课堂，教师核心问题比较突出，但是由于学生思维比较局限，因此教师的指导行为较多。

（3）面向知识结构的问题设计分析

如图 3 – 16 所示，"小狗包弟1"的"为何"和"如何"数据之和约为 36%，但"是何"数据比值较大且没有"若何"问题；"小狗包弟2"的四种问题类型皆有出现。在"小狗包弟2"中，教师在整节课中提出了两个若何类问题：①假如你和巴金处于同样的境地，你会送走包弟吗？为什么？②如果你也送走了包弟，你会像巴金一样深深忏悔吗？又为什么？说明"小狗包弟2"中教师更注重培养学生开放性和高阶思维，教师提问能够表现出一定的批判性及创造性教学倾向。而"小狗包弟1"主要以记忆与理解为基础，问题开放度略低，教师提问的开放性教学倾向较低。

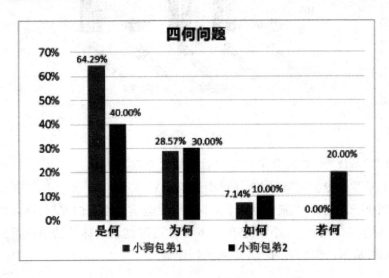

图 3 – 16　四何问题

（4）面向高阶思维的问题设计分析

利用"课堂有效性提问"分析法可以对教师提出的问题和采用的提问策略进行分析。其中，问题类型反映了对学生思维的训练程度。如图3-17所示，在问题类型上，"小狗包弟1"与"小狗包弟2"中问题类型比值相近，且"推理性"问题比值较高。"小狗包弟2"课堂采集到了一定的"批判性"数据，这说明两节课教师均以问题解决教学倾向为主，针对学生推理性思维和批判思维进行训练。"小狗包弟1"的"常规管理性问题"和"记忆性问题"比"小狗包弟2"高8.76%，"小狗包弟2"的"推理性问题"和"批判性问题"则比"小狗包弟1"高6.66%，这说明"小狗包弟2"课堂教学中的问题设计更具有推理性和批判性。"小狗包弟1"中教师要通过一定数量的浅层次对话帮助学生建构基础的知识，而"小狗包弟2"中教师更多地将问题推向批判性思维的发展。

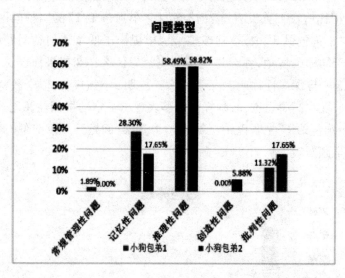

图3-17　问题类型

如图3-18所示，两节课的提问后叫举手者答所占比例相近。"小狗包弟2"有"鼓励学生提出问题"数据，而"小狗包弟1"没有。"小狗包弟2"授课教师在课堂中鼓励学生自主发现问题，这不仅能促进学生思维的发展，而且可以激发他们对学科的兴趣。"小狗包弟2"的课堂可以创设具体的情境来帮助学生提出问题，从而以学生的问题发展和引领课堂。

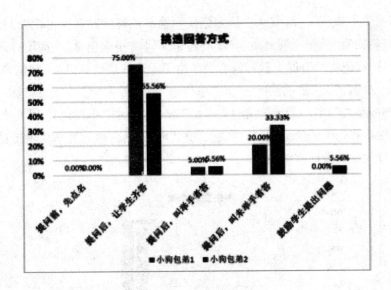

图 3 – 18　挑选回答方式

在学生回答方式上,如图 3 – 19 所示,"小狗包弟 2"的"讨论后汇报"的数据比"小狗包弟 1"高 13.34%,说明"小狗包弟 2"的教师在课堂中更善于设计较多合理的学习任务,让学生开展小组合作学习。建议两位教师放手将课堂还给学生,增加小组合作学习活动,培养学生的自主学习和合作能力。

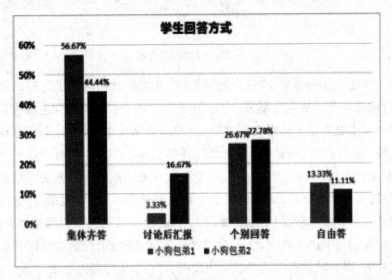

图 3 – 19　学生回答方式

如图 3－20 所示,两节课中认知记忆回答与推理性回答所占比例相近,而且"推理性回答"数据比例最高。"小狗包弟 1"与"小狗包弟 2"都没有创造评价性回答,这说明两节课上教师没有让学生勇于表达观点。但"小狗包弟 1"的"认知记忆回答"和"推理性回答"比"小狗包弟 2"高 4.84%,"小狗包弟 2"的"机械判断是否"则比"小狗包弟 1"高 6.39%,这说明"小狗包弟 2"的教师在课堂教学中有较多的简单批判性问题。由此可见,两位教师在学生创造性和批判性思维的培养方面有待加强。

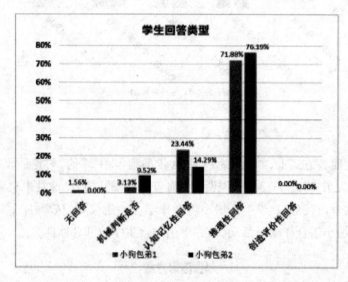

图 3－20　学生回答类型

综上所述,"小狗包弟 1"的问题结构以"作者给我们讲述了怎样的故事?"和"为什么文章开始要先介绍艺术家和狗的事?"两个核心问题为主线进行全篇的学习。学生思维过于局限在课文里,这种问题结构中,学生能够较好地理解作者情感,但是课堂比较枯燥,对文章的理解比较定式。如果可以以一个小问题"小狗是什么狗?"和一个大问题"这个小狗有无其他的处理方法?"引导学生深入思考,打开学生思路,这节课将会上得更加精彩。"小狗包弟 2"这节课在问题设计方面非常清晰,但学生思维较为局限,没有达到应有的课堂效果,从而反映了现在的高中语文教学,学生思维产生定式,是由于长期教学问题设计不开放造成的,需要教师在以后的教学中改进,培养学生的高阶思维。

此案例运用课堂行为大数据分析方法,对两节"同课异构"的高中语文课进行观察与分析,旨在通过课堂教学行为数据的对比分析来研究课堂教学问题的设计对师生教学行为的影响,从而总结提炼课堂教学问题设计的规律,用以提高问题设计的质量。此案例为教研员以后开展教研活动或教学研究提供一个模式,对于实证研究提供有力的支撑。

技术本身并不会产生奇迹,但它却能创造产生奇迹的条件。教育正在发生革命性的"模式转变",即由工业化时代的教育真正转型成为信息和知识时代支持的新的教育。"随着人工智能、大数据、云计算等科学技术的发展及其在教育中的运用,互联网和教育深度融合,教学手段的改变提升了教学的效果,也促进了教育理念的变革,有助于各类人才的培养与成长。"中关村科技园区海淀园管委会副主任黄英表示,科技创新中心的建设离不开大批的人才,人才的培养与教育是密切相关的,利用现代化的技术及手段更加有效地培养人才是互联网教育面临的机遇与挑战。

第三节　新技术提升教师的专业能力

在当前强调知识创新的时代,随着社会对人才培养要求的不断提高,人们对教师专业水平也提出了新的期待。作为学生信息素养和能力的培养者、信息化课程整合的实践者,教师在教育信息化的推进过程中发挥着重要作用。教师的信息化能力提升也成为教育专业化发展的重要一环。美国《2016 国家教育技术规划》曾强调,增强教师的信息技术素养,通过技术将教师与学生、资源、数据、内容联结起来,从而实现更有效的教学;联合国教科文组织的《教育 2030 行动框架》也提出要提高教师教育质量,为教师提供职前教育和专业发展支持,以足够的技能准备支持教师使用信息技术(UNESCO,2015)。面对网络化、智能化技术的不断发展,新技术给教师也带来了很多提升自我发展的方式和路径。与传统的教师专业发展的路径不同的是,新形势下的教师可以采用更多适合自己的方式来提升自我的专业技术能力。

一、"互联网＋"时代的教学研修

随着我国基础教育课程改革的不断推进,教师专业成长已成为社会日益重视的一个问题。教学研究作为促进教师专业成长的一个重要途径,伴随着新课程改革的实施,得到了不断的完善与发展。在当前信息技术飞速发展的时代,教研与网络相结合,充分利用了网站、网络视频会议系统、博客、网络论坛等多种渠道,极大程度地促进了教师的自我反思、互帮互助、专业引领,基于网络的

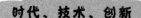
教学研究将成为信息时代教师专业成长的
必要途径。

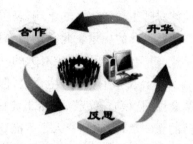

1.网络教研的概念及特点

网络教研到底是什么呢？网络教研是
随网络应用的发展而生的一种系统的、崭新
的教研模式。广义地讲，是指在教研过程中
运用网络技术的教研活动。狭义地讲，是指将网络技术作为构成新型学习研究
生态环境的有机因素，以探究、学习、交流、研讨作为主要学习方式的教学研究
活动。网络教研使专业学习没有距离感。网络教研具有以下特点：(1)不受时
间和地域的限制。通常我们开展教研活动，不可能让全体教师参加，在活动中
所渗透的教学方法和教学理念再通过骨干老师转达，其效果往往会打折扣。如
果把活动的内容或活动中所需体现的教学思想与教学新理念通过网络传递给
每一位需要的教师，他们就可以不受时间的制约，随时进行学习。网络教研不
受地域限制，聚在一起的是天南地北的同行们，不仅可以及时了解其他地域的
一些教学动态，而且不在同一工作环境，少了一些世俗的掺和，人和人之间的交
往更真诚，有困难、有需求，大家都会不计回报地给予帮助。(2)信息量大，节约
教研活动成本。网络的一个特点是信息量大，全国乃至全世界的信息你都能获
得，如果靠原始的信息传递，如传统邮件的传递，速度太慢，效率太低，而且没有
互动性。若网络中所提供的单元卷、教学案例要求教研员通过印刷的方式发放
到学校，需要花费大量的人力和财力。而网络可以实现大量的信息资源共享，
并能随时更新，不但效率高还节约了成本。(3)快捷。速度快是网络又一大特
点，若要发布一些教研活动的通知、教师论文获奖的消息、各学科期末考试试卷
的分析等，教师都可以第一时间获取信息。(4)增强自信心与主动性。在传统
教研活动中，有些老师由于缺乏自信，不善言辞，碍于面子，不敢主动参与问题
的讨论，人际交往也仅限于实际生活的狭小区域。运用 BBS 进行探讨，改变教
师们的交流方式，使他们敢于畅所欲言，广泛地进行学习交流，实现真正意义上
的同一课题、人人参与、主动学习、主体探讨的目的。使教师们真正感觉到朋友
遍天下、处处是教研，增强了参与的自信心。

2.网络教研的实施

随着信息技术的不断发展，网络平台的教学与教研功能越来越完善，基于
网络平台强大的功能完全可以实现更大规模的更精准的教研活动。对于一线
教师来说，在教学平台上，教师可以建立班级空间，学生的日常学习数据都会呈

现在上面,教师可以通过大数据分析准确了解每一位学生在各学科的学习状态,并进行精准的辅导,在网络平台上可以开辟一个网络空间,在这个空间里我们可以参与感兴趣的教研活动,加入并关注名师工作室的研究动态,学习名师的经验,在平台上我们可以就教学中遇到的问题,参加特定的课题研究来改善教学,也可以留下自己的反思足迹,分享自己的教育感言及经验的总结,可以说网络教研平台就是一个家,一个装满教育智慧的家。而对于教研员来说,网络教研平台更方便于开展工作,传播经验。可以通过以下方式来开展网络教研:

(1)确定教研活动的主题。教研内容往往源自于日常教学中遇到的实际问题,因而,教研员要有强烈的研究问题的意识,善于结合教学中的实际问题,寻找有价值的研究问题,根据问题,选择和确定具体的教研内容。然后将问题上升为研究主题,明确分工,确定研究的基本思路,制订研究计划。通过规范性的教学研讨与实践,获得解决问题的方法与手段。

(2)设计教研活动方案。根据确定的主题和思路,需要设计针对性的研究方案,并在实践过程中不断修正和完善。首先,应该为有效完成研究而进行有目的、有针对性的教育理论和相关研究的专题的理论学习。通过网上教研公告栏、专题研究、论坛区等板块,不定期发布教育教学前沿信息,供教师选学。其次,发挥专业引领作用,即通过向专家咨询,整合多方资源,帮助教师解答困惑和问题,避免实践过程中迷失方向,提高研究效能,最后,开展组间、全员之间的集体讨论、集体备课等形式,发挥集体智慧。

(3)优化方案。教学问题日益复杂。研究方案的设计也必须多样而有针对性,并在实践过程中不断修正完善。首先,把研究方案发布于"网上公告栏",提供给所有教师。充分发挥集体智慧。其次,以教材和教学指导纲要为标准,结合他人的意见,由方案的主要实施者对原研究方案进行系统的再设计,不断优化完善,使之更具操作性和可行性。

(4)组织实施。根据优化后的方案,组织教师个人进行实践研究。在教学中,教师根据实际情况有计划地推进实施步骤,并把阶段性成果及时整理汇总。实施的过程可以是个体的行为,也可以是团队的协作,帮助教师及时反思并提高教学质量。

(5)上传资料。这是将常规教研活动与网上教研相结合的互补方式。不管是何种常规教研方式,在准备、完善、实施过程中可以随时将形成累积的资料或成果上传到网上教研平台,以便常规教研活动结束后仍可以借助网络让更多的人继续参与,进行源源不断的深入探讨。

(6)网上研讨。这是在新的特定条件下呈现"网上教研"活动的独特优势。在新的课改背景下,教师在教学实施的进程中,要加强反思,通过撰写教学随笔、教学反思、教学案例、问题案例、课例研讨、教学论文等方式,提高自我反思和教学研究的水平。同时我们还要把教师的教学设计方案、相关教学资源、指导学生作品、课例实录、教学反思等内容及时发布到网上,形成教研资源库。改进传统的教研活动,因为受内容、时间等条件限制,很难做到全员参与,即便参与,活动的议程固定,发言人数有限,被动听众多,效率较低,教研资料备份困难,更难于共享。而通过网络,可以不受所有这些因素制约,真正实现交流对象的角色平等,交流机会的充分均衡,实现无障碍的参与探讨。利用网络,实现教育教学资源共享化,这是网络带给教育教学研究的最大优势和便捷。

(7)经验推广。教研活动取得的经验和成果最终是为教学服务的。首先,对一些重点热点问题,组织一些骨干教师或专家针对这些研究课例进行点评或引领,达到运用的实效性。其次,依托"网上教研平台",组织教师针对案例中的关键问题进行网上讨论,总结出有价值的教学经验或问题解决的办法,帮助教师找到不足之处并加以改进。

3. 网络教研的优势

网络教研为教师提供了进行教育教学反思的新工具,教师通过网络教研与更广范围的同伴交流,主动创造条件接受专家学者的专业引领,在与大家交流、沟通和分享的基础上,不断学习、完善和更新教育理念,提高教学能力,促进教育信息化素养,促进教师教育价值的实现和教师的专业发展。教师专业发展的核心在于教师个体的成长。教师通过系统的自我研究和在实践中对有关理论的检验,实现专业上的自我发展。自主专业发展型教师是一种具有内在积极要求发展动机,不断反思,不断探究,不断进取,具有可持续发展素质,主动适应社会发展需要和社会条件的新型教师。在当今信息技术环境下,教师的专业发展要求教师学习自主化、活动合作化和环境虚拟化。从这一视角出发,网络作为一种个性化工具,天然地与教师专业发展联系到了一起。

网络教研对教师专业发展的促进作用主要表现在以下五个方面:

(1)对教育教学理念的促进作用

美国知名思想家认为:"理念是世界上最强大最重要的现实力量。"在我国基础教育课程改革进程中,教师的教育理念是决定改革成败的首要因素。以课程标准为例,无论是《全日制义务教育语文课程标准》,还是《全日制义务教育数学课程标准》及其他学科的课程标准,都将基本理念放置在标准的前面。而教师教育理念的形成和发展是一个动态的过程,需要教师将教育理念的学习与自己的教育实践、教育反思结合起来。在教师应用网络的过程中,读他人网络日志的过程就是摄取教育理念的过程,教师自己写博客的过程也是表达自己教育理念的过程。教师通过网络表达、汲取、修正、发展和完善自己的教育理念,为教师的专业发展提供了精神食粮。

(2)对教育教学反思的促进作用

教师职业是一个需要更多反思的职业,教育教学反思是教师成长的必由之路,是教师主体意识觉醒的出发点。善于反思应成为优秀教师的基本素养之一,所以有人说"经验＋反思＝成长"。由教师本人对教学实践及其成败得失进行反思,有利于教师及时总结自己的教学经验,培养教师的学习研究意识,促使教师更好地实现教学理论与教学实践的结合,提高教师的专业能力与水平。

教师应用网络空间、博客等形式,进行网络教育教学反思,以网络媒介为工具,通过教育教学叙事来描绘教育事件,以期形成教育行为和活动得以诠释的建构方式。这一方式的目的是借助反思和理性力量来唤醒叙事者的教育自觉和教育敏感性,从而改变教育者的行为和观念。以网络为媒介的教育叙事,"真正将话语权还给教师,推动教师进入一个自我管理、自我负责、自我发展、回归主体意识的时代。"以博客为主的教师网络教育叙事,使教师的教育、教学反思有了承载的空间。以网络教育叙事的方式所进行的教育、教学反思,其本质是教师自觉地将教育教学作为认识的对象,进行全面、冷静思考和总结来促进教育教学,其目标指向是下一个教育教学行为的有效性、合理性,是提高自己专业水平、内涵发展的过程,也是在自己的领域内独立地进行创造的过程。在这种交流、碰撞、反思过程不断地循环当中,多了教师的独立思考,多了研究型教师团队的思想碰撞,更多了碰撞后产生的新观点、新智慧、新知识、新积淀、新资源。在这样的循环过程当中,话语权回归到每一个教师自己手中,让每一个教师都积极主动地参与到自主学习中去,从而迷上终身学习,热衷于自我更新,推动教师自身的进步,促进教师的专业成长。教师通过主动学习、不断内省、分享知识,从而在构建个体教育教学知识体系的过程中,形成批判性思维和创新思维。

(3)对同行同事交流的促进作用

虽然教师专业发展的核心在于教师个体的成长,但在教师专业发展中,封闭的环境不利于教师的发展,这意味着教师的专业发展不是个体性的个别人的发展,而是教师群体性的发展即教师在与同事交流、分享与合作的过程中形成教育教学的工作和研究团队,在顺畅而广泛的交流、分享与合作中,实现教师的

群体专业发展。网络的理念核心是分享,教师使用博客、朋友圈、网络空间等作为交流工具,它可以突破空间、时间的界限,实现与本校、外校、本地、外地教育行业同事的交流与合作,信息的互补性更强。在这样的教育网络平台中,参与网络教研的教师面对的是来自不同省区、学校、兴趣、能力、个性的教师,但他们的共同志向却是一致的,就是在交流合作中促进彼此的成长。

在新一轮课程改革中,教师出现困惑是一个普遍的现象,教师对这种状况的了解有助于教师积极面对当前存在的问题,在教育实践中根据课程标准进行尝试。在网络教研中,网络交流的跨地域、跨时空性,加大和加深了教师之间的了解和交流,使教师了解到自己面对的问题是大家所共同面对的问题,如此有益于教师能够坦然地对新课程的实施进行探讨和交流,道出自己在实施过程中遇到的疑惑、对新课程的认识等,相互之间探讨和帮助。由此可见,网络教研是实现教师群体专业发展的重要形式,也为教师广泛交流与沟通提供了可能。教师使用网络的过程就是一个在同伴交流沟通的基础上形成团体交流,形成网络学习共同体,从而在教师群体专业发展中实现个体专业发展的过程。

(4)对专业引领的促进作用

教师专业化的过程是人际互动的过程,是教师在与其所处环境中的成员不断互动中,其专业知识、教育理念受到专家、学者和同事的期望与示范的作用,从而不断发展与调整其专业能力的过程。只有有了专家的引领,教师才能走出思想上的认识误区,不断提升理念,拓展视野,在不断的智慧交流中获得专业的发展。但是普通教师很难有机会与教育专家、优秀教师进行面对面的接触与交流,想观摩他们的课、聆听他们的讲座,交通时间成本花费很大,但就是这样的学习机会也只有个别骨干教师才能得到。而通过网络,普通教师可以与优秀教师、教育专家零距离地对话,实现与名家大师们进行心灵的交流、对话和碰撞,触摸名师教学的思想精髓。借助网络,普通教师可以全方位解读名师,体悟名师教学中的精彩,从而获得真正意义上的专业引领,使教师在专业成长过程中的脚步变得踏实而有力。

当前,许多教育专家、学者和名师都拥有自己的空间、博客、名师工作室,他们有的来自高校,有的来自教科研单位,也有的来自中小学教学第一线。教师在应用访问的过程中,通过浏览和阅读这些专家、学者的网络日志,并以留言、回复、评论等方式形成互动交流。通过这种形式的互动交流使专家能够更多地深入了解一线教师遇到的问题,解答教师的困惑、指导教师的实践。理论层次较高的专家学者可以通过对一线教师的网络日志的指导,为其实践作理论支撑,让更多的教师调整自己的教育教学行为和理念,使教育实践直接得到理念的指导。在博客这一平台上,教师不再是闭门造车,而是更多地得到各地各方面专家学者的帮助和引领。教师应用网络的过程,就是"为自己创造机会与专家学者沟通"的过程。

(5)对教育信息化的促进作用

信息时代对教师专业发展提出了新的要求,它所表现出来的特点既是信息时代教师专业发展的内在需求,也是整个教育发展对教师提出的要求。从宏观上来看,教育信息化是一个软件、硬件、潜件共同推进的过程,但其作用的关键还在于潜件的影响,即教师应用信息技术的观念、层次、能力和水平。教育信息化的过程,也是整个教育领域信息传递的过程。这一过程在目的上与教师专业发展是同归的。因为教师专业发展是由教师的改变与发展,改善教学,最终促进学生的发展与教师个人价值的实现。而教育信息化的过程是通过"发现教育教学中的问题,经由技术的途径对学习过程与资源进行有效利用,解决问题,优化教育教学,实现人的发展,这其中既包括教师的发展,也包括学生的发展。"教师博客的特点之一是零技术,但不是绝对的零技术。教师应用网络的过程,也是学习、应用和交流信息技术的过程,也是教师自身信息素养不断完善和提高的过程。

总之,网络教研在推进教师专业成长方面的作用是显而易见的,网络教研是常规教研活动的延伸、升华,教师参与教研不再受时间、地点、空间的局限。网络表现出的与普通媒体不同的特性,最大限度地满足了教师专业发展的要求。随着对网络教研的深入研究及网络平台技术性能的改进、完善和提高,它的优势必将越来越得以显现。利用信息技术促进自身发展正成为教育改革及教育信息化对教师提出的迫切要求,随着各级教育行政部门大力倡导和要求提高教师信息素养的形势,网络教研在促进教师专业发展方面必定具有更广阔的前景。

中国教研网是首个服务全国教研工作和广大中小学教师专业发展的公益性专业网络平台,平台上包含"名师精品课""在线教研室""学术大讲堂""教学资源库""名师工作坊""教研成果"等内容,在网站最下面的国家地图还可以链接到各省的教育网站,在这里教师可以通过学科、名师工作坊等方式加入到自己喜欢的团队中,并参与教研活动。

二、"互联网＋"时代教师的知识管理

"互联网＋"与传统行业的结合促使信息和数据呈爆炸式增长,信息量严重超载。因此如何有效地进行信息管理和运用信息并转化为有价值的知识,已经成为知识时代学习型社会进行自我提升的一种重要技能。传统的知识管理由于信息技术的缺乏,主要是针对纸质版的学习笔记或资料进行管理,而且大部分是来源于集中式的学习。受到信息技术与网络技术发展的影响知识管理呈现信息化与网络化,人们通过网络获取的信息与数据,基于各种网络工具、软件系统与数据库进行管理,主要包括获取记录,存取、分享、更新等过程。"互联网＋"时代的知识管理更注重学习、协作与创新。

1."互联网＋"时代的知识管理的特征。

(1)学习社会化。互联网将每个网民都关联起来形成一个巨大的社会网络。所谓"三人行,必有我师",在这个社会网络中,每个人都是学习者,根据自己的学习需求获取知识,同时分享自己的学习体验。作为传道授业者的教师如不能融入这个社会网络、汲取新知,就有可能落后于这个时代。

(2)过程协同化。在信息技术与网络技术的协同支持下,为不同地域的学习者组成共同体提供了有效的途径。他们有着共同的目标和相同的学习兴趣,不同的文化背景,跨学科跨专业,彼此协作与分享,共同探讨解决问题的方法,在协作过程中对知识的协同与管理,这正是知识时代学习型社会的学习技巧之一,可以帮助教师拓宽视野构建系统化的知识体系。

(3)管理个性化。得益于信息技术的发展,大量的知识管理工具被设计出来。印象笔记、有道云协作、思维导图、知识问答等平台。移动版、PC版、图文搭配电子文档形式,多种多样可以实现随心所欲的知识管理。但前提是教师要根据自己的需求掌握不同管理工具的使用方法,构建属于自己的知识库。

(4)知识显性化。生活中有许多隐性知识需要挖掘才能转换为显性知识。最常见的就是实践工作中的经验技巧的总结,以及目前最为火爆的研究领域——知识挖掘。即将数据的背后的规律通过科学的分析方法呈现出来,而这些科学分析方法也是知识管理的有效技巧。有助于教师获取到更多的有价值的信息,并转化为知识。"互联网＋"时代对于教师群体而言,需要意识到新思维、新技术、新理念,这才是未来教育发展的内涵,尤其是借助信息技术进行开放性学习与知识管理,适应新的流程与方法,不断地提升自我,完善自我。搭建终身学习体系才能实现教育的未来。

2.信息素养的概念及特点

《哈利·波特》电影中使用了一个"冥想盆"的道具用来存储大部分装不下的记忆。人的记忆容量有限,在知识大爆炸的时代我们也需要借助有效的信息记录工具。这样能在我们需要时快速找回相应的记忆。对于教师,主要的工作是要将教学内容进行自己的综合理解和反思形成资源库,进而进行媒体加工形成教学媒体,并运用于实体教学。教师是名副其实的知识工作者,其专业知识能创造更多的产业价值和社会价值。一定程度来说,教师对知识管理的广度与深度与学生素质提升与否有密切关系。在教学过程中,教师必须有效地运用大量的专业知识才能提高学生学习效率,提升学生的学习效果。学校管理部门也在提供更好的平台推动教师专业发展,创新组织文化,提高学校经营效能。当今社会,对教师发展的迫切需要是快速提升专业信息素养。信息素养就是能够判断什么时候需要信息,并且懂得如何获取信息,如何评价和有效利用所需信息,也就是说输入决定了输出。

信息素养的特点表现在:

(1)利用信息技术获取、加工、管理、表达和交流信息的能力;

(2)对信息活动的过程、方法和结果进行评价的能力;

(3)在熟悉并利用技术条件和环境的基础上发表观点、交流思想、开展合作,解决学习和生活工作中所遇到的实际问题的能力。

3. 教师个人知识管理的四个阶段

积极探究技术应用给社会生活带来的变化,遵守相关的伦理道德与法律法规,形成与信息社会相适应的价值观和责任感。教师专业发展借助"互联网+"的快车完成个人知识管理,也是教师终身学习最重要的一种学习方式。

教师个人知识管理可分为四个阶段:

(1)经验显性化。隐性知识是真正支配个体行为的潜在知识。教师需要到各种场景去吸收各种经验并进行消化,将经验显性化。

(2)经验反思。教师在教育教学过程中,需要多次的学习修改,不断修正错误经验,总结成功经验。

(3)知识理性化。理性化的经验才能被称之为知识。教师个人理论的形成,能更好地为实践服务,最终让新旧经验发生联系并系统化,是知识理性化的重要过程。

(4)知识数字化与互联网化。主动接受新技术,有效进行互联网学习,借助互联网成为终身学习者。将个体知识数字化,并进行云存储在互联网上传播,

时代、技术、创新

进一步升华教师的知识体系。

4.教师个人知识管理工具

教师个人知识管理工具的介绍,笔者将从高效获取和组织资源、资源管理与沉淀、知识的深化与分享和知识管理的创新与教学融合四个方面向大家推荐一些比较实用而且"实惠"的软件和平台。通过教师个人知识管理工具的使用,大家可以快速地寻找到自己所需的资源,并有规律地整理资源,然后通过资源的梳理和总结,形成自己的教育资源并分享出去,最后应用到教育教学中,有效地提升自己的专业发展。

●高效获取和组织资源

在高效获取和组织资源这一部分,笔者从常用的搜索引擎、网络学术资源的搜集、免费资源获取工具和教育资源平台几个方面向大家推荐软件和平台,通过此部分工具的使用,可以让大家快速地搜集到自己想要的资源。

(1)搜索引擎

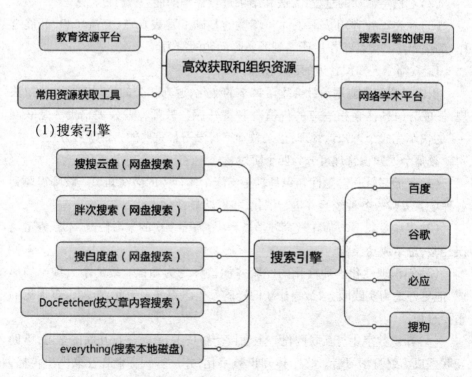

142

在日常生活和工作中,大家总会用的一些搜索引擎,比如说百度、谷歌、搜狗等,让我们来了解一下各个搜索引擎的特点。

①百度搜索引擎是全球最大的中文搜索引擎,也是最大的中文网站之一,"百度"一词来源于南宋词人辛弃疾的著名词句:"众里寻他千百度",用户可以在 PC、平板和手机上使用,通过语音、文字、图像等多种交互方式,搜索到所需要的信息。百度还具有以图搜图的功能,在搜索按键左边的相机图标就是以图搜图的按钮,这样我们就可以在网络上找到我们所需要更清晰的同一张图片了。

②谷歌搜索引擎被认为是目前全球最大最好的综合性搜索引擎。提供了最便捷的网上查询方法,能为世界各地的用户提供所需要的信息,查全率和查准确率较高,是在比较专业的查询领域中使用率最高的。

③全球搜索,有问"必应"(Bing)。必应是一款由微软公司提供的网络搜索引擎。

特点一,必应搜索引擎改掉了传统引擎首页单调的风格,来自世界各地的高质量图片作为首页的背景。

特点二,通过必应搜索引擎搜索的结果分类显示,比如说我们搜索鲁迅,搜索结果会按照类别分类,首先是必应网典的信息,接下来是鲁迅相关的书籍,然后是图片和视频,最后是关于鲁迅的新闻网页,在右边还罗列出与鲁迅相关的人物及鲁迅的相关搜索,必应没有将搜索结果混乱地摆放在一起,方便我们找到相关的内容。如下图:

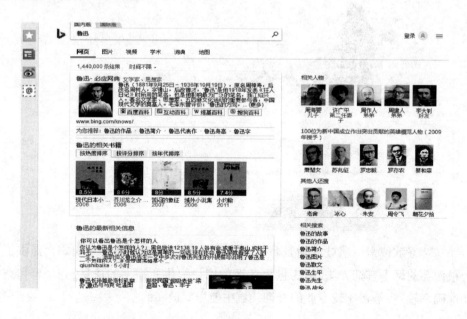

特点三,必应能够直接搜索出答案,如下图:

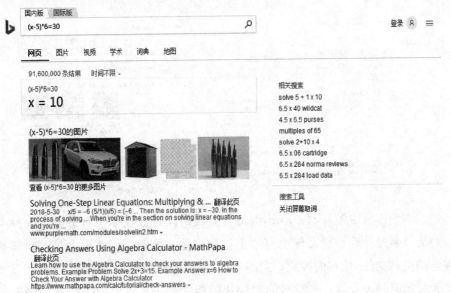

特点四,必应搜索引擎率先实现了中文输入全球搜图的功能,用户无须使用英文仅使用中文输入,搜索引擎会自动翻译成英文进行搜索全球的图片,而且搜索引擎具有授权分类搜索的功能,在筛选器中选择授权搜索出图片可以用作商业用途不会存在侵权的问题。同时必应搜索的图片可以按照片、插图、素描、动画 GIF 等类型进行搜索。

④上网从“搜狗”开始。搜狗最大的特点是唯一支持微信公众号、文章和知乎问答的搜索引擎。微信公众号等自媒体平台为我们提供了大量高质量的文章,“知乎”链接了各行各业的精英为互联网提供了大量高质量的信息,搜狗在网页的左上角可以找到相应的按钮来切换搜索类型。搜狗不仅可以通过文章名称进行搜索,还可以通过搜索微信公众号进行搜索,同时搜狗搜索引擎还有中文输入搜索英文词语的功能,具有自动翻译功能,也可以显示双语对照。对于英文有压力的教师是一个比较好选择。

⑤本地搜索引擎神器——Everything。要找的文件放在哪个盘的哪个文件夹了？文件名是什么？想必你也有过上述的境遇。虽然我们花了大量的时间整理电脑里的文件，让它们按照一定的规则存储,但真正要调用某个文件时,需要花大量的时间去找寻。有没有简单快速的搜索方法？使用"此电脑"中的默认搜索？用"此电脑"的默认搜索整个硬盘会花费很多时间。为了解决这个问题,我们可以使用第三方工具——Everything 来加快搜索时间。Everything 是 Voidtools 开发的一款文件搜索工具,它体积小巧,界面简洁易用,可快速建立索引,快速搜索文件,占用系统资源极低,可实时跟踪文件变化,并且还可以通过 http 或 ftp 形式分享搜索。可以根据使用电脑的系统版本下载合适的 Everything 软件类型。下载官方地址:http://www.voidtools.com/。搜索文件的方式,第一种,使用文件名搜索文件。首先我们尝试使用文件名来搜索文件,比如在搜索栏中输入"Everything",几乎在输入的同时,搜索列表中就同时出现电脑中所有含 Everything 名称的文件了;再次输入"教师个人知识管理",搜索结果也在 1 秒内显示完毕。第二种,使用文件类型搜索文件。刚刚我们是在搜索栏中输入名称,这样搜索的前提是要记得这个名称。那问题来了,如果忘记文件名了该怎样搜索？Everything 除了可以按文件名来搜索文件,还可以实现更复杂的搜索,比如使用文件类型搜索文件。在搜索栏中输入"＊.mp4",大约 5 秒钟内,"结果列表"就会显示硬盘中所有后缀名为 mp4 的文件,如果使用"我的电脑"中资源管理器的默认搜索,这样的全盘搜索估计要好几分钟才能完成。除此之外,我们还可以通过"通配符"来进行精准的搜索,请看下表:

目标文件	输入框内容（空格为英文半角空格）
搜索所有名称中有 abc 和 xyz 同时出现的文件	* abc * xyz *
搜索 . jpg 或 . bmp 文件	. jpg ｜ . bmp
搜索 abc 但是不搜索 xyz	abc 空格 ! xyz
搜索以 e 开头并且以 g 结尾的文件或文件夹	e * g
搜索所有扩展名为两个字符的文件	* ??
搜索 downloads 文件夹中的所有 avi 文件	Downloads. avi

⑥文档全文快速搜索神器——DocFetcher。之前介绍过一款文件快速搜索神器 Everything！因为它的瞬间搜索速度实在让人震惊，相信很多人都对它爱不释手。但很可惜的是，它只能通过文件名搜索，却不能直接搜索文档的内容。那么，我们应该如何解决这个问题？别担心，下面将会介绍一款直接查找文档的全部文字内容的搜索神器—DocFetcher。DocFetcher 是一个免费开放资源且跨平台的桌面文档内容搜索引擎，它不仅能遍历你所有的文件文档内容，而且能够方便地对你的电脑进行全文搜索。在搜索你自己电脑本地的文档内容时就像在使用 Google 或百度一样简单方便，这就意味着你不必再去记忆文件名了，只需要输入文件内容的关键字搜索即可。DocFetcher 跟 Google Desktop 和百度硬盘搜索的原理一样，都是需要事先对硬盘上的文件内容进行索引。相比 Google Desktop 和百度硬盘搜索，它的优势就是可以由用户指定索引的文件夹和文件格式。虽然 DocFetcher 在索引速度上与它们相比优势不是很明显，但是它却可以把目录设置到你经常存放文档的文件夹而不是整个索引磁盘，那么这样就相当于变相地提高了索引速度。DocFetcher 另外一个优势是索引数据比较小，不像 Google Desktop 那样，扫描完之后索引文件很容易就达到几个 G 了。DocFetcher 支持搜索的文档格式非常丰富，如：网页（html），文本文档（txt），PDF，chm，rtf，Office 文档（doc、xls、ppt、docx、xlsx、pptx），OpenOffice（odt、ods、odg、odp），AbiWord（abw、abw. gz、zabw），Visio（vsd），svg 等等，基本上现行的文档都能被索引和搜索，能够满足绝大部分人的需求。登录官方网站 http://docfetcher. sourceforge. net/en/index. html 下载。此软件在搜索之前要进行建立索引，打开软件后，在左下角的"搜索范围"区域里右键，选择"从创建索引…"来选择要索引的文件夹，点击"执行"就可以开始进行索引（文件数较多的话可能要等一段时间），当索引完成之后就可以进行搜索了！这里选择 E 盘中的"Docftcher"文件夹，输入"PPT"，点击"搜索"，搜索结果会在同一界面上显示标

题、大小、文件名、类型、路径、作者、修改日期等信息。左键点击任意文件将在预览区加载文件的内容。这里左键点击"deoScribe 手绘动画解说词"文档,可以看到所有跟 PPT 有关或者含有 PPT 字段的全部显示,而且会标记不同的颜色。也可以通过设置查找文件的大小开进行快速搜索,DocFetcher 有几个选项可以让你更准确地搜索想要的结果,例如左上角可以指定最小和最大文件的大小,筛选文件类型等。所以,我们还可以设置文件的大小。比如设置的范围为:10k－500k,我们会发现文档的数量变得少了,如果再限制下文件类型搜索的速度将会更快。DocFetcher 支持搜索的文档格式非常丰富,如:网页(html),文本文档(txt),PDF,chm,rtf,Office 文档(doc、xls、ppt、docx、xlsx、pptx),AbiWord(abw、abw. gz、zabw),Visio(vsd),svg 等等。在进行搜索的过程中,有可能会出现大量的文档,这样会影响我们查找的效率。因此,我们可以选择想要查找的文件类型。DocFetcher 的界面和功能做的算是中规中矩,支持格式还算广泛,重要的是它支持 Unicode,也就是说能完美支持中文(简体与繁体)搜索! 当然,在记得大多数文件名的时候,神器 Everything 就已经能够满足文件搜索的需求了,对于偶尔需要通过文档文件内容进行搜索,或者工作需要经常要和大量文档打交道的朋友,笔者推荐大家用 DocFetcher 作为一个补充吧,它同样不会让你失望的。

　　除了在以上几大搜索引擎中我们可以搜索到我们所需资源外,现在还有一种分享资源——网盘,又称"网络 U 盘""网络硬盘",是由互联网公司推出的在线存储服务,向用户提供文件的存储、访问、备份、共享等文件管理等功能。用户可以把网盘看成一个放在网络上的硬盘或 U 盘,不管你是在家中、单位或其他任何地方,只要你连接到因特网,就可以管理、编辑网盘里的文件。不需要随身携带,更不怕丢失。下面将介绍三个好用的网盘资源搜索平台。

　　⑦"搜百度盘"。打开浏览器,在地址栏输入网址"www. sobaidupan. com",打开网页,在搜索框中输入关键词,如"高中化学课程标准",点击"网盘搜索"。

选择内容排序方式和需要下载的文档类型，这里选择文档格式，并按默认排序。点击所需文件连接进入下载界面，接着点击"百度网盘下载"按钮，进入百度网盘。在百度网盘中对文件进行预览，百度网盘针对：PDF、PPT、文档、视频、音乐、图片等部分文件类型为用户提供了预览功能。下载文件。如果拥有百度账号的用户可以选择"保存到网盘"，并使用百度网盘软件进行下载。使用百度网盘的好处在于可以对文件进行断点续传。如果没有百度账号或者没有安装百度网盘的用户也不用担心，可以直接点击"下载"按钮后再弹出的窗口点击立即下载即可使用浏览器自带下载工具下载。

⑧panc.cc－胖次网盘。胖次专业网盘搜索引擎，不仅仅是百度云网盘搜索工具，也是百度云网盘解析工具，能对搜索到资源进行失效链接检测。结合胖次社区，聚集了大量热爱分享资源的朋友。目前胖次网盘对使用 chrome 浏览器的注册用户开放了文件夹和视频在线预览功能。输入胖次网盘的地址"panc.cc"，或用百度搜索"胖次网盘"。在搜索框中输入关键词，如："人教版高中化学课件"，点击搜索。点击 ➦ 图标进入百度网盘，或者点击标题查阅文件分享信息，再点击"网盘连接"转入百度网盘下载。胖次网盘自带检测失效连接的超级技能，直观显示失效资源，帮助用户节省时间，提高效率。

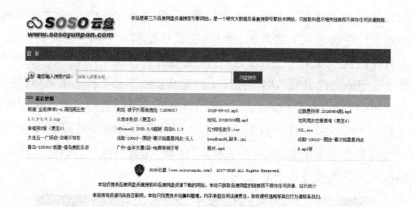

⑨搜搜云盘。搜搜云盘是自主研发智能高效搜索引擎系统，专业提供百度云盘和新浪微盘大数据搜索，是目前互联网最好最大的免费资源搜索引擎系统之一。输入搜搜云盘网址"www.sosoyunpan.com"，或使用百度搜索"搜搜云盘"搜索资源，输入关键词，如："如何做学术研究"。点击"搜索一下"按钮，查阅资源信息。点击所需要的资源，转到百度盘下载界面，接下来的操作就和搜百度盘完全一样了。

面对海量的互联网信息，搜索引擎为我们提供了丰富的信息平台，仅靠单一关键词搜索的方式显然已经很难精确而快速地找到想要的信息。介绍几种搜索技巧帮大家提高搜索效率。

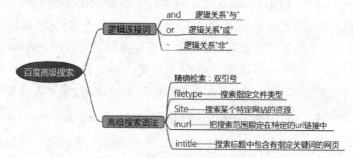

我们可以通过逻辑连接词来更精准地搜索我们需要的资源。什么是逻辑连接词呢？就是高中数学中学过的"与、或、非"。搜索时我们可以使用逻辑连接词来提高搜索效率，提高搜索相关度。英文为 and、or、not，不区分大小写，或者表示为 +、- 和 |。

■逻辑关系"与"表示为 AND，作用是它所连接的关键词必须同时出现在查询结果中。

　　举个例子，翻转课堂和翻转学习有什么关系和区别呢？我们希望搜索结果中能同时出现"翻转课堂"和"翻转学习"这两个关键词。在搜索栏中输入"翻转课堂"空格"翻转学习"，和输入"翻转课堂"空格"and"空格"翻转学习"就会发现很多无关信息除去掉了，检索范围缩小了。注意"AND"的前后有空格。使用的过程中我们发现"＋"的效果不如 AND。

　　■逻辑关系"或"表示为 OR，意思是任意一个关键词出现在查询结果中就可以啦。

　　例如想看教学心得或者教学反思，需要打开两个搜索页面吗？不用，使用"OR"符号就可以啦！在搜索框中输入：教学心得 or 教学反思，搜索结果中既包含了"教学心得"也包含"教学反思"。

　　■逻辑非，表示为"－"，意思是减号后面的关键词不出现在搜索结果中。

　　例如我们搜索"思想汇报"，看到前几条都是范文，但是我不需要范文，那就输入：思想汇报 空格 减号 范文，重新搜索，前几条范文的网页就不见了。特别提示：减号前面必须有空格，减号后面不能有空格，并且要在英文半角状态下输入。经过检验，"－"的使用效果并不十分理想，而 not 则会被当作关键词进行搜索。

　　■精确检索：双引号

　　有时好好的一个关键词，搜索引擎拆得七零八落的，给关键词加双引号，搜索引擎就没办法拆开它了。把搜索词放在双引号中，代表完全匹配搜索，也就是说搜索结果返回的页面包含双引号中出现的所有的词，连顺序也必须完全匹配。例如搜索"中国大气田的地质"，给关键词加双引号，搜索引擎就没办法拆开它们了，使检索更为精确。

　　■百里挑一，非 filetype 莫属

　　这是一个强大的搜索命令，它就像孙悟空的火眼金睛能帮你在众多格式文件中找出你要的那一种。它的写法是：关键字＋空格＋filetype＋：＋格式，格式可以是 word（DOC）、PDF、PPT、excel（XLS）、RTF、ALL（全部文档）。如："教学设计 filetype：PPT"，搜索出有关教学设计的 PPT。注意关键词和 filetype 之间一定要有个空格。

　　说了这么多你不想记也没关系，以上功能都在百度"高级搜索"里点点鼠标就能实现了。

(2)网络学术资源平台

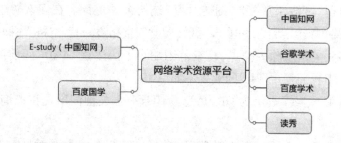

上面介绍了很多不同的搜索引擎方便老师搜索相关内容,但是在这些搜索引擎中很难精确地搜索到我们所需要的专业的学术研究信息资源,为了满足研究者更方便地获取更有针对性的学术信息资源和服务,网络上出现一些检索网络学术信息资源的平台,比如 CNKI(中国知网)、万方、百度学术等等。下面让我们来了解一下。

①CNKI(中国知网)是目前中国最具权威资源、收录最全、文献信息量最大的知识服务平台。知网平台收录了期刊、博士论文、硕士论文、会议论文报纸、工具书、年鉴、专利、标准、国学、海外文献等。内容覆盖了自然科学、工程技术、农业、哲学、医学、人文社会科学等各个领域。知网平台也是教师最常用的搜索

科研资料的平台，它的常用使用方式就不介绍了，下面介绍下知网平台更新后的一些特殊内容。

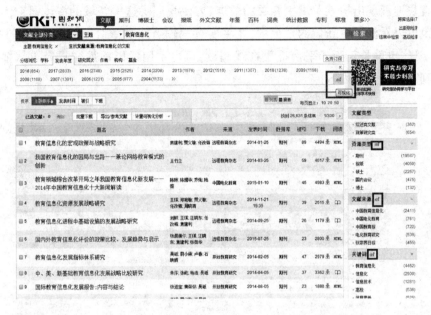

在使用关键字进行检索过程中，可以看到红圈标注的按钮，是一个可视化按钮，它可以很直观地显示出带有此关键字文章的年度发表趋势、资源类型、文献来源及相关关键字的文章发表现状。

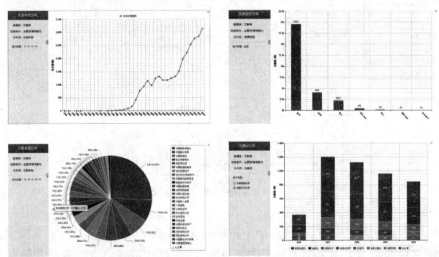

同时，我们在下图中可以看出，通过使用"计量可视化分析"按钮，可以为我

们展示出符合检索条件的文章的年度总趋势,以及其关键词共现网络、作者、机构、学科、文献来源、相关关键词的图表,而且图表中数据还可以进行比较分析,更直观地展现出检索关键字相关的数据,方便我们对这一领域的深度研究。大家也可以看到在更新后的平台中,几乎所有比较新的文章后面都有一个 HTML 的字样,也就是新版的平台提供在线阅读,再也不用像以前那样只有下载才能看到文章的全部内容。

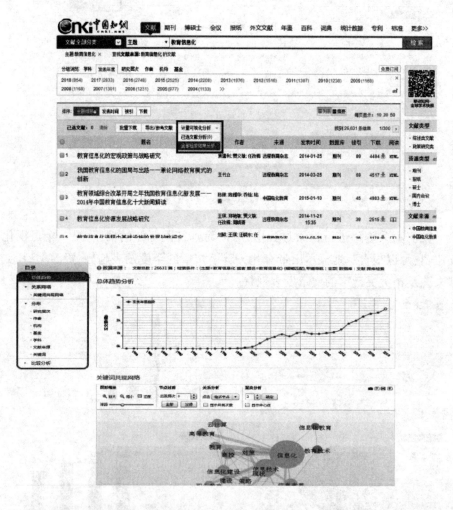

②Google 学术搜索。网址:http://scholar.google.com/。Google 学术搜索滤掉了普通搜索结果中大量的垃圾信息,排列出文章的不同版本以及被其他文章的引用次数。略显不足的是,它搜索出来的结果没有按照权威度(譬如影响因

子、引用次数)依次排列,在中国搜索出来的,前几页可能大部分为中文的一些期刊的文章。

③百度学术搜索。网址:http://xueshu.baidu.com/。2011年6月初,"百度学术搜索"上线,收录国内外学术站点超过70万家,如中文学术站点知网、万方、维普,外文学术站点 acm、IEEE、springer 等,共计收录中外文学术资源条目链接总量逾2亿,中文超1.5亿,外文超1亿,让学术搜索"一键直达"。据悉,这也是国内首个拥有亿级别索引量的互联网学术平台。不过和谷歌一样,只是结果呈现,大部分无法下载,不过可以搜索后,有目标地在学校的数据库下载。

④读秀学术搜索。网址:http://edu.duxiu.com/。读秀学术搜索是全球最大的中文文献资源服务平台。它集文献搜索、试读、文献传递、参考咨询等多种功能为一体,以海量的数据库资源为基础,为用户提供切入目录和全文的深度检索,以及部分文献的全文试读,读者通过阅读文献的某个章节或通过文献传递来获取他们想要的文献资源,是一个真正意义上的知识搜索及文献服务平台。

⑤百度国学搜索。网址:http://guoxue.baidu.com/。百度国学搜索是百度与国学公司合作推出的针对中国传统文化方面的专业搜索,提供了大量的丰富的古典名著、历史资料、人名书名等,为传播中华古代文明和国学研究提供使用的便利。目前已经有10多万网页,1.4亿字。收录大部分上起先秦、下至清末两千多年的以汉字为载体的历代典籍。内容涉及经、史、子、集各部。

⑥CNKI E - study 是中国知网(CNKI)推出的一个数字化学习平台,可以批量下载 CNKI 的文献和对文献进行初级管理。CNKI E - study 在管理文献方面,可以用"学习单元"来划分,可以自由新建自己的"学习单元",把论文分类管理,同时它还可以作为一款 pdf 阅读器,当下载一篇文献,可以用 CNKI E - learning 打开,初步浏览之后,可以在"临时阅读"找到,然后拖到指定的"学习单元"中去。如果你需要查阅的文献资料大部分都在知网中有,那么这个软件就十分有必要使用了!

除了以上的搜索平台以外还有一些共享文库,共享文库是指在线互动式文档分享平台,在平台上可以和千万网友分享自己手中的文档,全文阅读其他用户的文档,同时,也可以利用分享文档获取的积分下载文档。随着最早的豆丁、百度、爱问等共享文库的出现,随后到如今出现许多共享文库,不过很多文库规模较小,文档数量较少。共享文库都可以通过注册账号,上传分享资料赚取积分,通过积分可以下载文库资料。

共享文库名称	网址	特点
百度文库	http://wenku.baidu.com/	国内文档数据量最大的共享文库,综合型的,好用。
豆丁文库	http://www.docin.com	收费的盈利模式导致用户数量逐年减少,文档质量也不如百度文库。
道客巴巴	http://www.doc88.com	综合型文库,后起之秀,文档数量和质量较好。
智库文档	http://doc.mbalib.com	以管理、行业文档为主,质量较好。

(3)常用资源获取工具

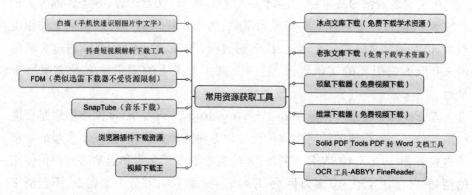

如果在上面的平台或搜索引擎上找到了想要的文档或视频,但由于没有权限或 VIP 等级无法保存怎么办? 我们可以通过一些软件或插件来免费获取相应的资源。下面介绍一些常用的软件:

①冰点文库下载器(文本下载)。只要将文库的网址复制到软件中即可免费下载所需文档,无须积分就可以自由下载百度、豆丁、丁香、MBALib、道客巴巴、Book118 等文库文档,无须注册和登录。下载的文档最终生成高清晰度的 pdf 格式文档。支持多个任务同时下载和断点续传下载。下载网址:http://www.bingdian001.com/? cat =2。

②老张文库下载(文本下载)。直接下载转换为 word 文档。支持大部分百度文库文章直接转换为 WORD 格式。支持多个任务同时下载和断点续传下载。无须积分也无须登录就可以自由下载百度、豆丁文库。生成的 pdf 文档与原始文档质量等同。下载网址:http://www.onlinedown.net/soft/1156711.htm。

③硕鼠下载器(视频下载)。硕鼠下载器是一款专业的 FLV 视频下载软件。由 FLV 在线解析网站 FLVCD.com 官方制作,它支持多个主流视频网站的

解析＋下载＋兼并/变换一条龙服务,支持多线程下载,可智能挑选地址,主动命名,FLV/MP4 主动兼并,智能分类保留,其最大的特征是能"一键"下载整个专辑,无须人工干预,并集成了变换工具可将下载文件批量变换为 3gp,AVI,MP4 等格式。下载网址:http://www.flvcd.com/。

④维棠下载器(视频下载)。维棠的功能和硕鼠大同小异,维棠唯一的优势就是比硕鼠支持了更多的视频网站,支持的网站数达到两百多个,而且还可以下载部分国外网站,比如很火的 YouTube 视频,它的使用方法也和硕鼠一样。下载网址:http://www.vidown.cn/

⑤视频下载王(视频下载)。视频下载王是一款视频下载工具。不仅支持国外的 YouTube、Vimeo,还支持国内的优酷、哔哩哔哩、腾讯视频等国内各大视频网站,它还支持抓取加密视频。你只需要复制视频 URL,就可以一键下载了。它还有【一键探测】功能,当你开启之后,当你在播放的时候,它就会自动下载。下载时,你还可以随意选择下载格式,还支持边下边播。它还自带录屏,格式转换小工具。它支持 Win 和 Mac。下载网址:https://www.apowersoft.cn/mac - video - downloader

⑥火狐浏览器 NetVideoHunter Video Downloader 插件(浏览器插件下载工具)。这款插件是一个辅助下载工具,它能帮助你从 Youtube、Facebook、Metaca-fe、Dailymotion、Break、VKontakte、DivShare 以及其他更多网站上轻松下载视频和音乐。使用方法:1)安装 firefox 浏览器,打开它。2)单击右上角的设置菜单,选择"附加组件"。3)进入添加组件界面之后,可以单击"扩展"菜单,通过名字搜索来寻找需要的插件,例如这里要添加下载资源的组件,使用"下载"关键词进行搜索,就可以搜出许多相关组件,单击安装需要的组件即可。4)这里选择NetVideoHunter Video Downloader 视频下载插件进行安装。安装成功后,就可以看到浏览器右上角有插件图标。5)打开要下载的视频,例如打开五分钟课程网,找到想下载的微课视频,单击视频播放,然后单击"NetVideoHunter Video Downloader"插件,选择视频下载。

⑦火狐和 chrome(谷歌浏览器)Video DownloadHelper 插件(浏览器插件下载工具)。Video download helper 是一款可以下载网络视频的插件,在任何网站中用户只需要点击 Video download helper 提供的下载按钮就可以下载到本地计算机中。使用方法:和上面的火狐浏览器使用方法一样,但是谷歌浏览器打开"获取更多扩展程序"菜单时,往往会出现加载很久的问题,那我们可以通过单独下载插件,然后用拖放插件到浏览器中的方式进行安装,根据提示进行安装

即可。

⑧SnapTube。一个免费下载音乐、视频的工具 APP。它支持国外主流的视频音乐图片网站,它的主页罗列各大主流网站,还可以看到当前网站受欢迎的内容。当你在 YouTube 看到的视频,赋值链接,就可以下载音频或者视频,还可以选择不同的视频和音频品质。目前只支持 Android 版。下载网址:https://www.snaptubeapp.com/zh/。

⑨FDM。FDM 也算是一个比较强大的下载工具,功能类似于迅雷。它支持FTP、HTTP(S),还有 BT 下载,也可以添加代理。同时还可以定时下载任务,也支持多线程下载以及查看多线程的进度。它还支持远程控制下载、断点续传功能,同时还支持国外视频网站下载,支持浏览器插件,自动捕捉可下载文件,右键即可下载。同时支持 Win 和 Mac 版。同时支持中文。下载网址:https://www.freedownloadmanager.org/。

⑩抖音短视频解析下载工具。抖音是最近很火的一款短视频软件,里面有好多既搞笑又有创意的短视频,但如果想把视频下来当做素材的话却发现,每个视频上都有水印,怎么办呢?首先我们可以先将选好的视频进行分享并复制分享的链接,然后将复制的链接粘贴到 http://douyin.iiilab.com 网站的解析视频栏中,再点击下载按钮,就可以下载到没有水印的抖音视频了。

⑪Solid PDF Tools PDF 转 Word 文档工具。Solid PDF Tools PDF 可以直接将纸质文档扫描为 Word 文档、直接将 PDF 文件转换为 Word 文件、直接将纸质

文档扫描为 PDF 文档,并使用 OCR 技术来创建 PDF 文本层。Solid PDF Tools 可以大大节省办公时间,提高工作效率。Acrobat X PDF 转 Word 采用的技术正是基于 Solid Framework。网址:http://www.soliddocuments.com。

⑫OCR 工具 – ABBYY FineReader。中文名字叫"泰比",它是一款快速方便地将扫描纸质文档、PDF 文件和数码相机的图像转换成可编辑、可搜索文本软件。这款软件是真正的专业 OCR,不仅支持多国文字,还支持彩色文件识别、自动保留原稿插图和排版格式以及后台批处理识别功能,使用者再也不用在扫描软件、OCR、WORD、EXCEL 之间换来换去了,处理文件会变的就像打开已经存档的文件一般便捷。网址:http://www.abbyychina.com/。

⑬Office lens。微软 Office Lens 是一款支持中文 OCR 文字识别功能的专业手机扫描软件 APP,不仅可以快速将纸质文档、名片、白板、海报等内容通过拍照"扫描"成图片保存,而且强大的中日英 OCR 文字识别技术还能扫描图导出成可以搜索编辑的 Word 或 PDF 文档。此外软件还拥有智能的纸张/白板边沿感知技术,能自动校正歪斜。网址:https://www.vipcn.com/zt/OfficeLens/。

⑭扫描全能王。CamScanner 扫描全能王,将智能手机变成随身携带的扫描仪。方便快捷地记录管理您的各种文档、收据、笔记和白板讨论等。并通过智慧精准的图像裁剪和图像增强演算法,保证您扫描的内容清晰可读。网址:https://www.camscanner.com/。

⑮白描。简介:对于很多文字工作者来说,在工作上要经常用到 OCR 文字识别软件将图片的文字转化成文本,然后复制到自己需要的软件中继续编辑处理。现在向大家推荐一款好用的 OCR 文字识别应用,它的识别准确度相当高,速度也很快,文字识别后可进行翻译互译的语种近 20 种,它就是像猫一样灵动的 OCR 扫描识别神器——白描。白描是同类 APP 里面的领跑者,它一次能够识别九张图片。有两种方式可以进行 OCR 文字识别:第一种方式是通过手机的照相功能将需要扫描的文件进行拍照,打开白描 APP,选择你想要进行识别的图片进行批量识别(在相册页面,长按一张图片即可进入批量识别模式),批量识别后可以对多张原图同时进行校对(长按"校对"按钮手动滑动图片,可以看到所有的图片),使用者先可以进行校对,查看准确度,然后可进行复制或者是翻译。第二种方式是直接进入白描 APP,通过软件中拍照功能(分为扫描文件和拍照识别)将需要文字识别的内容进行拍照并进行文字校对,最后进行复制或翻译。手指流畅顺滑,可以分块选择需要的文字,想要哪里点哪里(想查看所有文本,不需要按行点选;如果选错了语言想重新识别图片,可以长按识别右

时代、技术、创新

下角的文字按钮,就可以看到重新识别的选项啦)。可以在识别结果中编辑选择复制到各种 APP 中使用,支持微信、QQ 有道云、印象笔记等软件。白描 OCR 文字识别 APP 同时支持简体中文、日语、英语、韩语、法语、意大利语、繁体中文、粤语、文言文等多种语言的互译。它还支持中文、英语、日语、韩语、法语、德语、俄语、西班牙语的 OCR 识别。

(4)教育资源平台

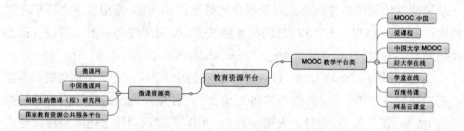

①MOOC 教学平台类

所谓"慕课"(MOOC),顾名思义,"M"代表 Massive(大规模),与传统课程只有几十个或几百个学生不同,一门 MOOC 课程动辄上万人,最多达 16 万人;第二个字母"O"代表 Open(开放),以兴趣导向,凡是想学习的,都可以进来学,不分国籍,只需一个邮箱,就可注册参与;第三个字母"O"代表 Online(在线),学习在网上完成,无须旅行,不受时空限制;第四个字母"C"代表 Course(课程)。慕课教学平台就是指学员可以在线系统地学习某门课程的网站,每门课程的学习时间不定,学员可以自由地选择时间来学习课程的内容,同时可以参与到课程学习的讨论中去,与更多的学员交流,如果遇到问题也可以给课程的老师留言,主要的学习方式是阅读教师留在平台上的文档及微课短视频,参加学员讨论完成作业,最后参加考试获得证书。每门课程学习的时间段大约为 1 个月左右,方便学员随时学习。

1)MOOC 中国

网站介绍:MOOC 中国致力于向国内学习爱好者分享最好的慕课。资源比较丰富,学习比较自由,网站对于用户群体开放程度很高,具有搜索功能,页面设计友好,使用起来也比较方便。随着不断地发展,未来的课程更加趋于受众广泛化。网址:http://www.mooc.cn/。

2)爱课程

网站介绍:"爱课程"网是精品开放课程共享系统,是教育部、财政部"十二

160

五"期间启动实施的"高等学校本科教学质量与教学改革工程"支持建设的高等教育课程资源共享平台。网站集中展示了"中国大学视频公开课"和"中国大学资源共享课",并对课程资源进行运行、更新、维护和管理。网站利用现代信息技术和网络技术,面向高校师生和社会大众,提供优质教育资源共享和个性化教学资源服务,具有资源浏览、搜索、重组、评价、课程包的导入导出、发布、互动参与和"教""学"兼备等功能。网站汇集了很多高校教育的开放资源,可以搜索到自己喜欢的课程。网站资源相对丰富,涵盖面广,汇聚的大学数量较多。网址:http://www.icourses.cn/home/。

3)中国大学 MOOC

网站介绍:中国大学 MOOC(慕课)——最好的在线课程学习平台之一,在中国大学慕课的在线教育平台上有专门针对教育的分类——教育教学,在这一版块中有将近 100 门课程供教师选择,无论是学科教学还是教学研究,每门课程有老师设置的考核标准,当学生的最终成绩达到老师的考核分数标准,即可免费获取由学校发出主讲老师签署的合格/优秀证书(电子版),也可付费申请纸质版认证证书。获取证书,意味着学生达到了学习要求,对这门课内容的理解和掌握达到了对应大学的要求。学生也可以骄傲地将通过了这门课的事实写在其简历中。根据不同时间的开课情况,平台汇集热门课程形成"百课全书",解析课程、发现课程亮点并按期推出,更好地诠释 MOOC 课程以便帮助你选择到最需要的课程内容。个性化设计比较明显,由网易发起,资源相对丰富。网址:http://www.icourse163.org/。

4)好大学在线

网站介绍:CNMOOC——中国顶尖的慕课平台。中国高水平大学慕课联盟的官方网站,联盟是部分中国高水平大学间自愿组建的开放式合作教育平台,为公益性、开放式、非官方、非法人的合作组织。旨在通过交流、研讨、协商与协作等活动,建设具有中国特色的、高水平的大规模在线开放课程平台,向成员单位内部和社会提供高质量的慕课课程。起点较高,资源丰富程度不错。网址:http://www.cnmooc.org/home/index.mooc。

5)学堂在线

网站介绍:学堂在线是免费公开的 MOOC(大规模开放在线课程)平台,是教育部在线教育研究中心的研究交流和成果应用平台,致力于通过来自国内外一流名校开设的免费网络学习课程,为公众提供系统的高等教育,让每一个中国人都有机会享受优质教育资源。通过和清华大学在线教育研究中心以及国

内外知名大学的紧密合作,学堂在线将不断增加课程的种类和丰富程度。内容丰富,资源涵盖面广,大学数量不错。网址:http://www.xuetangx.com/。

6)百度传课

网站介绍:百度传课是一个综合性在线学习网站,它上面内容广泛,比如像IT 软件、求职办公、外语、中考、高考、托福,还有生活文化类、考研备考、各行各业的课程,你想学什么都可以在上面找到。尤其是很多生活不太注意的细节,在上面都可以学到,比如面试技巧、交流技巧,业余的大学生或者初入职场者,可以花时间用来自我提升。网址:https://chuanke.baidu.com。

7)网易云课堂

网站介绍:网易云课堂是网易推出的一款在线学习网站。它与顶级机构、院校和优秀讲师合作,提供海量优质课程,它上面的课程覆盖了各行各业,无论是在校大学生,还是上班族,在这里都能让你更好地充实自己、提高自己。它还有一些不错的小功能,比如还有题库、笔记、问答等功能来提高学习的质量。网址:http://study.163.com/。

②微课资源类

1)微课网

网站简介:微课网是以中考、高考为目标,提供初高中各学科的在线教育微课程视频,同时你可以和同学组成圈子互动答疑、测试并分享学习动态。网址:http://www.vko.cn/。

2)中国微课网

网站简介:网站提供了中小学微课大赛作品展示,登录后可以以提交参赛作品,以及翻转课堂课题研究、教学平台和一些微课制作基础的教学微课,从中可以学习微课制作的基础知识、制作案例。网址:http://www.cnweike.cn/。

3)胡铁生的微课(程)研究网

网站简介:网站是中国较早开展微课研究并给出微课定义的胡铁生老师的个人博客。博客提供了微课、慕课等相关领域发展动态的文章,推荐常用的微课制作工具,微课制作教程,微课案例以及微课评价的方法等内容。网址:http://blog.sina.com.cn/htsweike。

4)国家教育资源公共服务平台

网站简介:国家教育资源公共服务平台是以云计算为基础,通过信息技术与教学过程深度融合,搭建涵盖核心应用的教育云平台,同时汇聚第三方优质资源及应用,面向教育机构、老师、学生。网址:http://www.eduyun.cn/。

●资源管理与知识沉淀

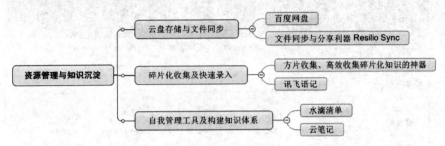

通过资源管理与知识沉淀这一部分工具的使用,可以让大家快速地整理资源,并加以保存。

①云盘存储与文件同步

云盘,又称网络U盘、网络硬盘,是由互联网公司推出的在线个人网络存储服务,向用户提供文件的存储、访问、备份、共享等文件管理等功能。可以理解为一个放在互联网上的硬盘,不管你身处何处,只要连接了互联网,就可以管理、编辑网盘里的文件。不需要随身携带,更不怕丢失。国内主流的云盘有:百度云盘、坚果云、腾讯微云等,国外为 Google Drive、OneDrive、Dropbox、iCloud Drive 等主流产品也得到广泛和深度的使用。云盘也属于云计算和云存储的技术范畴。而云计算和云存储是互联网计算未来的关键发展方向,是一个大数据时代未来个人数据资产提供入口的基础网络服务,也是大数据应用的一个关键方向。各大 IT 公司都在云盘上用心开拓市场,特别在移动互联时代,结合手机,云盘已经发挥出越来越大的作用,应用场景不断扩大。

云盘的核心功能有:

第一,云盘更重要的用途是我们要借助云盘实现云备份,将数据存储在互联网上,避免个体计算机硬件损坏而大规模丢失数据。

第二,云端、客户端同步。能在多台设备间进行快速同步,可以不在使用 U 盘、活动硬盘频繁同步数据,只要有网络,打开不同的计算机就可以实现文件的同步。

第三,随时能够调取使用,不用中断当前工作。比如在一件任务进程中,需要进行快速调用文档,只要能联网,即可快速取得文件,编辑完毕后也可以快速分享。

第四,高效检索——能够对所集成的文档加标签,关键词,甚至能够 word、pdf 等文档进行全文检索。

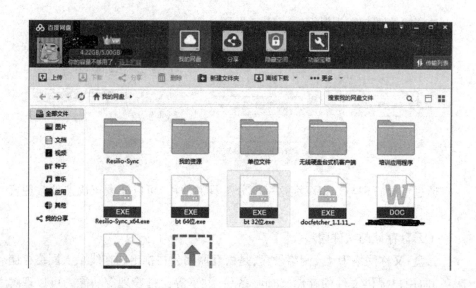

1）百度网盘

百度网盘是百度推出的一项云存储服务，它能快捷地上传、下载以及分享文件，为大家提供便捷的同时，其独特的加密技术也保证了个人资料的安全。下面让我们了解下百度网盘网页版的功能及其基本操作。首先，在百度网盘官网下载百度网盘的客户端或直接使用网页版本，登录账号可以使用百度账号，也可以用微博账号或 QQ 账号登录，进入百度网盘工作界面。我们可以看到百度网盘将存储的文件按照文件类型划分为 6 大类，点击各类选项就可以进入相应的类别界面进行操作。通过上传或下载按钮来保存文件，学会分享，可以收获更多。在百度网盘中，既可以给同事和学生分享教案文件、教学视频、课件等课程资料，也可以接收同事或其他好友分享的文件，右键点击想要分享的文件或文件夹，弹出下拉菜单后，选择"分享"，会出现分享界面。创建链接分享的方式有两种，分别是"创建公开链接"和"创建加密链接"。点击"创建公开链接"，选择"有效期"，则会生成一个分享的链接，我们把链接复制给要分享的人就可以了。点击"创建加密链接"后，也会自动生成一个链接，与公开链接不同的是，加密链接需要输入密码才可以看见分享的内容，所以在我们进行私密分享文件时，要告诉对方"提取密码"。有了分享文件的链接，同事、学生或好友点击链接就能下载分享的文件。下载地址：https://pan.baidu.com/。

2）文件同步与分享利器 Resilio Sync

当自己需要多设备同步或与同事需要频繁共享文件时，QQ 或微信的文件传输相对是不够用的。使用百度云这样的网盘服务,来保持文件始终最新会是更省事的方法。不过,通过这些网盘传文件,基本都需要把文件上传到服务器再进行同步。BitTorrent 公司推出 Resilio Sync 采用了不一样的解决方法:不需要把文件上传到云端服务器,而是基于 BT 传输技术,通过 P2P 的方式,直接将文件从你的设备传到对方设备上,它不限速、不限文件大小、不需要注册账号。这种可以实现去中心化的传输。软件支持各种桌面/移动/NAS 系统。我们可以用该软件实现我们本地多设备、多数据的同步,以提高我们随时随地调用知识和生产知识的需要。Resilio Sync 是简单易用的多平台文件同步软件,支持全平台。登录官网 https://www.resilio.com/ 下载安装文件。或百度进行搜索下载。

②碎片化收集及快速录入

1)方片收集、高效收集碎片化知识的神器

碎片化的时间,导致知识获取也越来越碎片化,但对这些零碎知识的收集整理就几乎成了一个必须被满足的需求。无论是朋友圈的一篇文章,花瓣的一张图片,TED 上的一段视频;无论是在电脑上,还是手机端,都希望能用"最小的操作成本"保留一切我们认为有价值的信息资料,并且可以同步检索,传播分享。方片收集——高效快速收集,支持多种格式(文字/图片/网址/视频),多平台支持同步,进而满足随时收集、检索、调用和分享的需求。这些功能似乎阅读类产品(例如 Pocket),或笔记型产品(例如印象笔记)都可以做到,但它们都没有方片收集那么轻快、优雅。方片收集最主要的卖点就一个:满足 1 秒内完成收集的需求,可以收集 图片/文字/网址/视频,并且能在电脑/手机各端同步和分享。方片收集插件支持包括但不限于 Chrome/Safari/Firefox/Opera 等主流浏览器,电脑端操作极为快捷简单。安装好方片收集插件后,将您需要的资料(图片/文字/网址/视频)向左拖拽就可完成收集操作,向下拖拽图片,还可下载。在手机操作方面,受益于安卓权限,方片收集在 Android 上收集只有一步:收集之前,预先打开方片收集的 APP,选中喜欢的文字,复制。因为在 Android 系统上,方片收集的机制是复制 = 收集。苹果手机上收集资料一向是很麻烦的,方片收集的解决方案很巧妙。第 1 步:复制你需要的图文/网址(微信/微博/浏览器/阅读器/短信什么都可以,只要能复制);第 2 步:从屏幕顶端下拉通知栏,在"今天"面板中,您能看到收集完成字样出现。你复制过的所有内容都在这里,只须将有用的向左轻轻一划,才真正加入到收集列表。下载地址:http://funp.in/。无论你在微信、微博、朋友圈、QQ、短信、阅读器、浏览器或任何其他 APP

上看到想要收藏的内容,只要能复制,方片收集都能帮你轻松快速保存下来。另外,重要的一点是,方片收集可以将每条内容都能备份到"印象笔记"或其他云存储空间去,这样对于习惯使用印象笔记,或者对资料安全比较重视的朋友来说非常有用。因此,你也可以将方片收集作为一个辅助工具,配合印象笔记进行使用。总的来说,方片收集的优势在于"轻、快",可以很方便地在手机和电脑上收集灵感和素材。它的核心功能是快速摘录,同时也拥有记笔记、同步、分享、语音记录等基础功能,并且可以将收藏的内容备份到印象笔记或其他云存储空间。

2)讯飞语记

讯飞语记是一款说话语音秒变文字输入的云笔记,也是一款文字变声音的神器,写文章、写日记、记者采访、会议记录、课堂笔记、记事的必备神器。语音变文字输入,说话秒变文字,一分钟轻松输入 400 字。方法如下:新建笔记单击麦克风标志或者点击底部提示的区域既可进行语音输入,可将文字变成人音朗读出来,即刻制作广播文案、配音、制作听力学习资料,方法如下:点击笔记进入浏览页面→点击"耳机"朗读→点击屏幕可更换声音。制作配音文件:点击笔记进入浏览页面→点击"分享"→点击"以音频形式分享"→选择声音点击朗读→保存或分享(可选择生成图片、音频、文本格式)。登录讯飞语记网页端(www.iyuji.cn)即可实现电脑端同步编辑,可在"我的页面"点击"扫一扫"扫码登录。点击笔记进入编辑页面→点击标题栏"闹钟"→设置提醒时间即可。

③自我管理工具及构建知识体系

1)水滴清单

之前我们提到过"方片收集"可以在手机和电脑上高效方便地收藏保存各类文字图片视频,APP 做得还不错,而他家出品的另一款免费极简 ToDo 应用——"水滴清单"同样也值得推荐。ToDo 类的待办事项/记事提醒 GTD 应用有很多,比如微软 ToDo、奇妙清单、Todoist、滴答清单、Google Keep、Things、Omni-Focus 等等简直一找一大堆。但"水滴清单"依然有它值得你尝试的特色之处,那就是极简的设计加上"用语音安排事项"的便捷功能……水滴清单是一款做得很有诚意的极简免费待办事项 Todo 工具,支持 iOS 和 Android。它能帮助你管理工作任务,规划日程,安排旅行/购物,提醒重要时间节日等。相比大多数同类 APP,水滴的特点在于"极简但精致"的设计以及更高效直接的"语音操作"——通过说话快速安排事情! 打开水滴 APP 后按住" +"即可像用微信一样说出你的安排。水滴会"自动将语音识别成文字"并记录下来,而且当你说到具体时间比如"明天下午3点提醒我出差去上海"时,水滴会智能地分析识别出时间与事件,帮你生成一个"出差去上海"的事项,并自动设置好明天的时间提醒了,你完全不用手动去点点点个半天。这对于工作事务繁忙、在外奔波、不方便或懒得打字的朋友来说会更加的高效。而实测水滴清单的语音识别,感觉准确率要比 iPhone 自带的 Siri 要高一些,实用性更强,这一点还是值得称赞的。水滴清单支持文字或语音输入、支持手势快捷操作(比如右划完成一件任务)、智能识别农历/节日、全文搜索、支持 Tag 标签分组管理等功能等。所有的数据支持通过"印象笔记"进行同步/备份。水滴清单 APP 是免费的,里面有极少的高级功能(比如密码锁￥1元/摇一摇排序￥1元)是需要内购的。虽然1元已经真心白菜价了,但水滴还是"很有爱"地在 APP 里设置了一个小小的奖励体系:当你每完成一件事项,将会收获一颗水滴;每天打一次卡,也会收获一批水滴;当你累积到1024颗水滴后将会转换成1个金币。而10个金币就能代替1元钱用于购买内购功能了。另外,"三段式日历""隐藏已完成的事项"这些功能还不收钱,只需2个金币兑换即可。相信,这样的设定让你形成了"去执行"任务的好习惯后,时间就真的能成为朋友而不是敌人了。水滴清单就是简单、高效、直接!功能不多但足够好用,通过语音创建待办事项,智能分析时间设置提醒,全自动一步完成,不能更简单了!

2)云笔记

云笔记作为个人知识管理的一个重要的工具,可专注于简单高效的个人记事工具,同时能云端同步功能,可现实网页、iPhone、Android 客户端之间的信息同步,随时随地查阅、编辑和分享。和纸质收集箱相比,云笔记可以更便捷收集各类信息,也可随时随地轻松浏览、搜索、分享笔记。根据主题建立一个笔记本,将同类型的笔记本合并成笔记本组,日常收集的各类信息,就有了固定的去处存放在云笔记中组成我们个人体系框架。笔记本组里的信息是个人体系的组成部分,同时我们需要不断地完善和充实信息。被加工过的信息经过组织后才可以被称为知识,而只有当知识被用到时,才可以变成人的智慧。浩瀚的知识海洋中,我们有目的、有取舍地借助云笔记收集信息,同时经常进行回顾、反思与更深入整理。

个人知识管理中的工作和学习主要是以 PC 作为主要的生产力工具,需要工具能简洁明了,快速完成大量文字输入和文档管理工作,还能进行网页的抓取和分类存储,同时还要能频繁地检索。而闲暇时间手机就成为主力,借助手机和碎片化时间来阅览文件,记录点滴信息、使用工具提供的存储,借助随手分

享到笔记 APP 里进行多终端同步,回到电脑上再慢慢梳理。有道云笔记 ht-tp://note.youdao.com/,国内最成熟的云笔记产品之一;支持 Chrome 、Firefox 等浏览器插件,标签化管理工具,速度、稳定性都有保证;印象笔记 http://www.yinxiang.com/,最早的云笔记软件,分国内版本、国际版本,功能和插件丰富。基础功能免费,高级功能首付。限制免费账户的客户端数量。Onenote http://www.onenote.com,微软大名鼎鼎的笔记软件,结合触笔在纸上键入内容、书写创意或绘制草图,效率也很高。

●知识的深化与分享

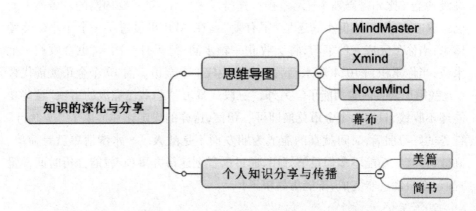

通过知识的深化与分享这一部分工具的使用,方便大家将碎片化的知识梳理出层次,形成自己的知识体系并通过相关的软件图文并茂地分享。

①思维导图

很多人一直知道思维导图是效率神器,但苦于停留在理论层面而不得法。如何用思维导图真正提高效率。首先我们得知道"效率"是什么? 效率=成效/时间。效率是成效和时间的比值,简单来说就是单位时间内做成的事。既然是个比值,那么提高效率的办法有两种,一种是在保证成效的基础上最大程度减少时间投入,用更少的时间办更多的事情。另外一种是在同样的时间投入里,提高事情的成效。所以我们通常说一个人很高效,这里面有两层含义,一是,能用更短的时间去做成一件事,二是,单位时间的成效很高。那么,思维导图到底如何帮我们提高学习、读书的效率?

很多人看书不求甚解,因而即使看了一大堆书也没有太多的提升,正如学生时代很多人明明很用功很努力地日夜刷题,成绩却总是平平。或许是时候用思维导图提高阅读、学习效率了。

如何用思维导图提高读书的效率？

第一，梳理——构建知识体系。知识只有被整理，才能被有效地吸收和提取。用思维导图做读书笔记能够帮你建立起较为系统的知识体系，帮助你理清系统化的知识。

第二，关联——和已有的知识体系产生联系。从认识到认知，你需要让新知识和你已有的知识体系产生联系。可以结合自身的经验和认识，对现有的思维导图进行关联和加工，让新旧知识彼此连接。

第三，回顾——加深对知识的吸收。记忆这种东西，实在是常记常新。利用画好的思维导图去进行知识的复盘，能加深你对知识的吸收。

第四，加工——联系实际进行有效输出。验证一个知识是否被掌握的方式就是输出。在和人探讨或者写文进行知识输出时，不仅能极大地加深你对这个知识点的掌握，而且还能促使你去学习更多的知识。

如何针对内容进行思维导图的制作呢？

第一，从一本书的目录入手。目录起到的作用就是提纲挈领的作用，根据目录确定基本的结构，然后分别阅读各章节，进行细节的填充。

第二，先进行泛读。大致了解作者想表达的东西并确定哪些部分需要精读。

第三，在精读的时候用思维导图做笔记。阅读完整章后再在思维导图上进行复盘和关联，加深认知。

第四，记录要点，并进行整理。每看到一个要点就可以进行记录，做出初步的要点思维导图。接下来根据自己的理解对这个初步的图进行调整，添加自己的想法，进行关联也适当做删减。做完这步后，再重新对整体做系统化和结构化的整理。

第五，进行标签化的分类整理。每做完一次笔记就可以统一进行标签化的分类整理，让他们融入自己的知识库里面。

思维导图除了可以做读书笔记以外，对于会议、报告、演讲的记录方面也是比较优秀的，一般不需要创新，只需要把会议记录做得扎扎实实的就行，不仅如此，在写作时通过使用思维导图架构文章的结构，写策划方案时通过思维导图有理有据，有条不紊把方案展现出来也是非常有用处的。

常用的思维导图软件有：

（1）MindMaster

MindMaster 是一款国产跨平台思维导图软件，可同时在 Windows、Mac 和

Linux 系统上使用。软件提供了智能布局、多样性的幻灯片展示模式、精美的设计元素、预置的主题样式、手绘效果思维导图、甘特图视图等功能。

2）XMind

XMind 是一款易用性很强的软件，通过 XMind 可以随时开展头脑风暴，帮助人们快速理清思路。XMind 绘制的思维导图、鱼骨图、二维图、树形图、逻辑图、组织结构图等以结构化的方式来展示具体的内容，人们在用 XMind 绘制图形的时候，可以时刻保持头脑清晰，随时把握计划或任务的全局，它可以帮助人们在学习和工作中提高效率。

3）NovaMind

NovaMind 是一款非常优秀的思维导图软件，它将思维导图和 PPT 融合在一起，支持思维导图放映演示。在国内 Windows 一统的环境里，为人所知甚少，但在苹果（Mac）系统中却大名鼎鼎。其基于 NET Framework 4 开发，软件安装简单，运行流畅，支持直接导出思维导图为 PDF、PNG、Word、PowerPoint、Mind-Manager 文件、纯文本、OPML 或者 MS Project 文件。目前最新版本为：NovaMind 5.7.4，大小：12MB，在 Windows XP SP3、Vista、Windows 7、Windows 8/8.1、Windows 7 以及 Mac OSX 10.5，10.6，10.7 or 10.8 中均支持，官网提供 30 天的免费试用版本。

4）幕布

在幕布中，大纲笔记与思维导图可以一键转换，再也不需要为思维导图的编辑而头疼，幕布帮你将宝贵的精力节省下来，让你专注于内容创作。幕布通过大纲来组织内容，无论是读书笔记、活动策划、会议记录还是待办清单，都能完美胜任，这种更具条理性的写作方式，会带给你全新的体验，极简可靠。无论是微信、QQ 还是微博，通过链接，你可以将文档分享给任何人。轻松自然的分享方式，让你更便捷地传递信息。多平台数据自动同步，随时随地，阅读创作。

②个人知识分享与传播

传统纸媒存在一些弊端，不易负责，难于广泛传播；不便于修改，即使修改，从发布到再印刷存在冗长的流程，影响效率；不利于互联网传播和简述；呈现可视化不够，不便于转化，也缺乏生长性。近些年来，随着渠道化媒体（比如微信公众号、今日头条、一点资讯）和社交媒体（比如微博、微信、豆瓣、知乎）的发展与兴盛，传统媒体（报纸、电台）甚至是网络门户媒体逐渐受到挑战，电子式、网络化传播已经成为主流。个人知识的传播可以很好地借助这些互联网平台实现知识更有效率的传播。

除了以上介绍的媒体,还有一些常用的媒体比如:

1)美篇

美篇是一款好用的图文编辑工具,能发 100 张图片,任意添加文字描述、背景音乐和视频,1 分钟写出像公众号一样图文并茂的文章。在朋友圈分享经典案例,会议纪要也会更精彩！美篇中的图文可以随时修改更新,是培训会议图文直播的不二选择,同时具有一键分享到朋友圈、微博、QQ 空间等社交平台,打造自己的内容头条号,并且具有精准的访问统计功能,让文章推广更有针对性。美篇除了支持 PC 端登录,同时支持 Android 与 iOS 客户端登录。

2)简书

简书是一个创作社区,任何人均可以在其上进行创作。用户在简书上面可以方便地创作自己的作品,互相交流,简书已成为国内优质原创内容输出平台之一。在简书上享受沉浸式的创作体验,随时随地可以进行创作,同时支持离线保存,支持高清图片秒传,丰富的官方推荐专题打开创作思路,支持一键生成图片分享,还支持私信、打赏、评论、点赞等社交功能,具有专题汇聚文章功能。简书文集是简书的创作者们的作品管理工具。大家可以创建自己的文集,给自己的每一个作品进行创作分类,帮助自己更好地管理作品,文集也可对外分享,主页上可以看到自己所创作的文集。简书除了支持 PC 端登录,同时支持 Android 与 iOS 客户端登录。

● 知识管理的创新与教学融合

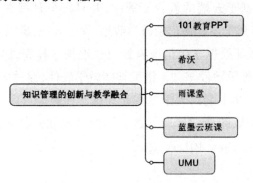

前面介绍很多对于个人知识管理方面的软件与应用,而对于教师来说课堂才是教师的一线,在硬件设施不完备的情况下,是否能够享受现代信息化带来的教育变革呢？让我们看看下面的两个教育平台,可喜的是其中大部分的功能还是免费的。

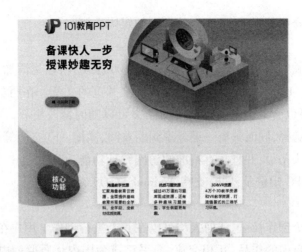

①101 教育 PPT

101 教育 PPT,是一款专业服务教师的备授课一体化教学软件,丰富教学资源、多元教学互动,辅助教师轻松备课、高效授课。101 教育 PPT 具有用手机操控 PPT,可以进行 PPT 演示,调用课堂互动工具、学科工具等,实现手机端与电脑客户端之间互联互动的移动教学应用软件。结合 101 教育云平台,拥有海量的优质教学资源,并将通过各种电子技术手段和方式制作开发基于互联网、教育云平台的电子互动教材,在软件中提供 3D/VR 资源,通过云端共享至广大师生参考学习,全面提供 K12 教育所需要的各类型优质资源,各类资源总数合计达 78 万以上,打造基于云端的教育资源库,并且每个月都在不断地更新增加中。同时,101 教育 PPT 还具备记录教学数据、学生表现、班级学情数据,形成课堂评价报告,帮助教师根据学生情况有针对性地指导提高,提升教学效果。智慧课堂可以在现有教学硬件基础上搭配智能教学软件,通过多端配置(PC 学生端、PAD 学生端、VR 学生端),为学生智能推送不同的学习内容,轻松活跃课堂气氛,为师生带来极致的教学体验。最关键的是此软件的大部分功能是免费的。官网地址:https://ppt.101.com/。

②希沃

希沃目前已经推出的"希沃易 + 智慧校园整体解决方案",是教学备授课一体化、丰富的互动课堂与教学质量分析相融合,设备动态监控和课堂实时查看相结合,智慧校园文化相融入的智慧校园整体解决方案。"希沃易 + 智慧校园整体解决方案"建立在局域网与互联网基础上,以交互智能平板、智能终端、教师移动授课终端及校园中心控制台作为主要硬件载体,通过希沃自主研发的应用系统及工具实现整个校园在互动教学、微课制作、资源共享、信息发布、校园广播、设备管理等应用领域的信息化改革,进一步提升学校整体的信息化水平。

对于信息化课堂教学推荐两款小工具:希沃授课助手和希沃白板软件。

希沃授课助手是一款由希沃(Seewo)公司自主研发的基于 Wi-Fi 网络,实现移动终端与 PC(及智能平板)之间的互联互动的移动应用软件。通过运行于移动终端的应用,可对 PC(及智能平板)进行无线的 PPT 演示、文件传输、实物拍照展示、触摸板控制等操作;

"希沃白板"是一款由希沃自主研发的针对信息化教学需求设计的互动式多媒体教学平台。其以多媒体交互白板工具为应用核心,提供云课件、素材加工、学科教学等多种备课、授课的常用功能。其教学互动方式简单高效,并基于K12 各个学段提供了对应的学科工具。这两款软件我们都可以免费在教室里面安装起来,并在我们实际教学中使用,它们可以帮我们实现知识的快速呈现和教学的互动,云资源库更能为我们做知识传播锦上添花。

除此之外,还有一些互联网免费云平台,比如雨课堂、蓝墨云班课、UMU 等互联网教学平台,希望能助力教师个人知识的沉淀和传播,助力翻转课堂教学。个人知识管理是一个缓慢的过程,希望大家能很好地借助互联网的大平台,迅速地实现从传统教师转换到新时代"互联网+"教师,将信息技术与教育教学进行深度融合。

教师专业发展中,主动、积极、持续地参与各种正式、非正式的互动学习,促使专业知识、专业技能与专业态度的提升,以期达到个人自我实现,从而实现促进、组织、发展个人有效的知识管理。教师个人知识是专业发展的基点,个人知识管理则是实现教师专业发展的具体途径。知识管理已经成为 21 世纪教育工作者的新主题、新思维、新技术、新文化。教师必须改变自己的思维模式,更多参与跨领域团队合作,强调培养能力、态度和知识整合的教学模式。对整个教学进行系统思考,真正做好个人知识管理与教学深度融合。从以老师观点为中心的专家知识,转变为以学生为中心的学习者需求知识。只有这样才能适应未来教育,推动教育面向新未来。

第四章　新技术视阈下的教育未来

　　"我国正进入教育和学习资源的'战国时代','互联网＋教育'是大势所趋,今后的师生关系、资源配置方式都将重新定位,呈现出能者为师、愿者为生的崭新格局,公共和非公共资源相互交织的繁荣景象。"在技术促进人才培养与教育发展的问题上,教育部教育装备研究与发展中心主任曹志祥指出,教育的普及与落地需要装备和技术来支撑、辅助及促进。他提出,在"互联网＋教育"的思维下应有主次之分。当今教育机构做的事情大多是基于"教育＋互联网"而非"互联网＋教育",教育的本质没有变。在互联网下的教育,如果还只是面对电脑死板地学习,就不是教育而应叫作训练,教育和培训、训练有着本质的区别。"目前我国需要的是'教育＋互联网',还没有达到'互联网＋教育'的程度,应着重让互联网辅助当今的教育,在教育本质不变的情况下,通过技术手段的扩展,让装备改变教育。"科学技术不管怎样进步,其本质还是要更好地服务于人。北京师范大学教育学部副部长、教授余胜泉在谈到未来的"互联网＋教育"的时候,认为未来的"互联网＋教育"将是依据每个人的特征来定制的个性化学习。互联网可以给学生提供针对性精准的学习服务,提高学生的学习效率与针对性。余胜泉进一步指出,随着科技时代的发展,我们可以通过虚拟技术来增强对人类感知世界的认识,基于学习情境为学者推送学习内容,未来的教育应是适应个性发展的教育,是为学生提供更为灵活的教育课程及更加精准的教育。互联网教育科技也应将学校的"围墙"打破,成为学校教育的有机组成部分,将老师从重复性的工作中解放出来,将两者结合起来使用,实施更加适应学生的学习模式。未来的学习,将是无处不在的、感知用户情境的、适应性的、正式学习与非正式学习融合的、人际交往与互动的、认知网络连接的泛在学习。北京师范大学教育学部副教授李爽也指出,在线教育从注重标准和质量的模式转变到了注重个性化发展的模式,从而进入到理性发展时期。因此,在线教师角色与智能会随着在线教育理念、技术与需求的发展而发生演变,这对从业者在线教学研究能力的要求也不断提高。在线教育从业者希望可以得到多角色分级的能力认证,从而达到在线教育在社会大众中的认知及权威性。

第一节 《地平线报告》对基础教育的启示

快速发展的信息技术和迅速兴起的移动技术,改变着我们的生活,也改变着我们的方方面面。各类新技术正逐渐渗透到基础教育各个领域,并对基础教育产生重要影响。未来五年基础教育机构发展面临形势如何? 促进基础教育机构的变革有哪些趋势和技术前瞻? 教师将面临何种挑战? 如何才能有效应对这些困难和挑战? 2017 年 8 月最新发布的《新媒体联盟地平线报告:2017 基础教育版》对以上我们所经常关注的问题进行了详细的分析解答。

《地平线报告》是由国际性非营利组织——新媒体联盟(NMC)开发的定性研究项目,项目研究小组由数百名图书馆、教育、技术及其他领域的专业人士组成,以新兴技术应用为核心,通过采用德尔菲法(Delhi)等研究方法对新技术应用趋势开展质性研究评估,并以年度报告的方式介绍项目研究成果。作为世界范围内针对新兴技术发展趋势最具影响力的跟踪性探究之一的研究机构,《地平线报告》受到全球信息技术和教育技术领域的广泛关注。

《地平线报告》核心内容是对未来五年全球视域内基础教育领域的新技术应用进行分析和预判,并从基础教育机构采用新技术的短期、中期和长期趋势,新技术应用中可能面临的可解决的挑战、困难的挑战和严峻的挑战,以及图书馆未来采用的重要技术等内容深入论述。深度解读和分析《地平线报告》,能及时掌握基础教育机构新技术应用的发展现状与前景,对各种趋势和挑战做出判断与预测,为深刻了解信息时代基础教育机构发展趋势提供有益借鉴,促进教育机构更好地应对新技术的机遇与挑战。

一、《地平线报告》对基础教育机构采用新技术的关键趋势预测

1. 长期发展趋势

"长期发展趋势"意味着将在未来 5 年或更多年限内的重要前瞻,该模块注重"推动文化创新"和"深度学习方法"。

(1)推动文化创新:学校越来越被视为是一种推动创新和创业的工具。这一趋势的重点已经从理解探索新思想的价值转变为在不同类型学校中实现它。"将创业融入高等教育行动"进一步表明学校可以为学生和教育者配备所需的

工具以激发其真正的进步。为应对此趋势,基础教育必须转变其现状,将"失败"视为学习过程中的一个重要环节,学校必须慎重评估课程,改变评估方式,以消除限制新思想发展的障碍。

(2)深度学习方法:威廉和弗洛拉·休利特基金会称基础教育越来越重视深度学习方法,学生通过批判性思维、解决问题、协作和自我导向掌握学习内容。从被动学习转为主动学习的教学方法使得学生能够从新信息中获取想法,并且能够掌控参与某一议题的方式。这些教学方法包括基于问题的学习、基于项目的学习、基于挑战的学习和基于询问的学习,鼓励创造性地解决问题并积极实施解决方案。

2.中期发展趋势

"中期发展趋势"是指将在3—5年内作为决策制定的重要因素,该模块重点关注"日益注重学习测量"和"重新设计学习空间"。

(1)日益注重学习测量:这一趋势描述了对评估的关注以及教育工作者用于评估、测量和记录学习准备、学习进度、技能获取以及学生其他教育需求的各种方法和工具。不管是数据挖掘软件的迅速传播,在线教育、移动学习以及学习管理系统的发展,还是在线和混合课程设计的应用、学习数据的描绘和学生行为的揭示均可帮助其取得进步和具体的学习成果。

(2)重新设计学习空间:以教师为中心的传统教育方法正逐渐向以学生为中心的教学法转变,新的课堂设计方式验证了这一转变。建筑和空间规划方面的创新思维也正在影响着新学校基础设施的可持续设计和建设,这些基础设施可能会对课堂实践和学生学习产生重要影响。

3.短期发展趋势

"短期发展趋势"是指当前已应用或者正在推进的技术的应用,在未来1—2年内很可能继续发挥重要作用,该模块重点关注"将编码视为一种素养能力"和"STEAM学习的兴起"。

(1)将编码视为一种素养能力:编码是指一套计算机能够理解的规则且能够取代多种语言,如HTML、Java和PHP等。许多教育者将编码视为一种激发计算机式思维的方式,并将编码纳入学校基础教育课程中。学生可以通过协作设计网站来开发教育游戏和应用程序,并通过对新产品进行建模和原型设计来解决挑战;RaspberryPI、Scratch和LegoNXT等易于操作的工具的涌现也增加了学生学习代码的容易度。

(2)STEAM学习的兴起:近年来,随着人们和学校对STEM(科学、技术、工程和数学的课程和项目发展)学习的重视,教育领导者们认为需要一种更加平衡的课程,将诸如艺术、设计和人文这些学科与科学相融合。这一理念促进了STEAM 学习运动,其中"A"代表"艺术 +"。STEAM Education 教育公司指出,技术使用并不仅仅与科学和工程的进步相关;STEAM 教育能够让学生融入多元跨学科的学习环境中,重视人文和艺术活动,同时打破传统意义上不同班级和科目之间存在的障碍。

二、《地平线报告》对新技术应用过程中面临的挑战剖析

1. 可解决的挑战

"可解决的挑战"是指已得到广泛理解,并知晓解决方法的挑战。该模块重点关注"实景学习体验"和"提升数字媒介素养能力"。

(1)实景学习体验:实景学习体验可以让学生近距离地接触现实世界存在的各种问题和工作环境,但这种学习体验仍未在学校盛行。实景学习的倡导者强调元认知反思和自我认知作为基石的重要性。越来越多的学校已经开始通过与更广泛的社区建立联系,来缩小学术知识与实际应用之间的差距;通过与当地组织积极协作,学生可以体验到在学校外面等待着他们的未来。

(2)提升数字媒介素养能力:数字媒介素养除了使人们能够获取孤立的技术技能,更能使其深入了解数字环境,以便直观地适应新环境并与他人协同创作。学校负责培养学生的数字公民资格,确保其能够掌握如何负责任且合理地使用技术,包括在线交流礼仪、混合式和在线学习环境下的数字权利和责任等。这一能力正在影响着课程设计、专业发展以及面向学生的服务和资源。由于受到包括数字媒介素养在内的众多因素的影响,学校领导人正面临巨大挑战,他们很难在学校范围内得到民意拥护并支持所有利益相关方培养这些能力。有机制框架正帮助学校评估在职员工的能力,以确定增长领域,并制定战略以实践数字媒介素养。

2. 有难度的挑战

"有难度的挑战"是指已初步得到理解,但实施起来却并不容易的挑战。该模块重点关注"重塑教师角色"和"培养复合思维"。

(1)重塑教师角色:人们越来越期望教师能够熟练掌握各种基于技术的方法,从而可以有效传递学习内容、支持学生的学习和进行评估。教师的主要职责正从提供专家级知识转向构建学习环境,以帮助学生获取创新性探究和数字媒介素养等技能的同时,扮演导师与顾问的角色,为学生提供机会探索其学习

轨迹。这些不断变化的期望正在改变着教师持续从事职业发展的方式,其中大部分涉及社交媒体、与校内外其他教育工作者的合作,以及在线工具和资源。职前教师培训计划同样面临挑战,除专业要求外还需具备数字媒介能力以确保课堂教学。

(2)培养复合思维:"复合思维"是指理解事物复杂性的能力,是一种需要理解系统如何工作来解决问题的技能,可与"计算思维"进行互换。对于学习者来说,通过复合思维学会如何运用抽象和分解方法处理复杂任务,以及如何运用启发式理性思维解决复杂问题,至关重要。孤立掌握复合思维的模式往往难以奏效,须掌握一定的沟通技巧才能使复合思维的应用具有真正的意义。由于编程教学将深奥的计算机科学知识与人的创新和问题解决能力相结合,因此越来越多人将编程教学视为培养学生复合思维的一种方式。

3. 严峻的挑战

"严峻的挑战",是指那些复杂的难以定义和难以解决的挑战。该模块重点关注"成就差距"和"通过领导力变革维持创新"。

(1)成就差距:成就差距是指一种可以观察到的不同学生群体之间的学业表现差距,这些差距反映在不同社会经济地位、种族、民族或性别方面。同伴压力、学生追踪、负面成见和测试偏见等环境因素正在拉大这种差距。学校使用各种成功标准来确定学习期望,包括成绩、标准考试分数和完成率,从而在个人和集体层面上对学生的表现进行比较。在确认表现较差的学生和学生人数方面,自适应和个性化学习技术能够帮助教育工作者和领导者了解具体促成因素,并实现和扩大有针对性的干预方法和参与策略,以缩小学生之间的差距。

(2)通过领导力变革维持创新:在制定一项新计划时,长期成功的可持续性是一个重要的考虑因素,尤其是在外部因素诸如资金和领导层容易发生变化时。例如,领导职位空缺或过渡都可能导致项目延误,或阻碍计划的开展,从而导致学生的需求无法得到有效满足。因此,地区和学校必须确定成功的策略,以便在管理的过渡期继续进行创新。

三、《地平线报告》对基础教育机构新技术应用发展的分析

1. 在未来1年或更少时间内有望实现"创客空间"和"机器人技术"

(1)创客空间:通过翻新或改造教室,提供所需的工具和学习经验来帮助学生实施自己的想法,创客空间旨在吸引所有年龄段的学生,并在开放的基础上进行实验、迭代和创造。随着越来越多的学生有机会接触到3D打印机、机器人

技术和基于网络的 3D 建模程序等工具,创意、设计和工程正走向教育的最前沿。将创客空间应用到教育领域的倡导者强调,通过动手设计、建造和迭代,有利于使学习者参与到创造性的高阶问题解决中。

　　(2)机器人技术:机器人技术是指机器人的设计和应用,而机器人则是能够完成一系列任务的自动化机器。预计到 2020 年,全球机器人数量将会翻一番,达到四百万。在基础教育领域,机器人技术程序着重于外展工作,即将机器人技术和编程推广为跨学科的 STEM 学习,从而使得学生可以更好地解决 21 世纪存在的问题。而一些患有自闭症谱系障碍的学生与机器人相处会感到更加轻松,这将有助于培养其社交能力、口头表达能力和非言语技能。

　　2. 在未来 2—3 年内有望实现"学习分析"和"虚拟现实"
　　(1)学习分析:大数据,即反映不同人群行为和行动的大量数据。在教育领

域,数据挖掘早已投入应用,以帮助表现欠佳的学生、促进个性化学习和开创灵活的学习途径。随着学校对大数据的使用和分析越来越熟练,他们可以做出更明智的决策以反映学习者的真实需求。对于教师和学生来说,了解如何使用新的数据工具和分析技能,包括数据素养、计算思维和编码能力,对促进大数据的理解和使用至关重要。

(2)虚拟现实:虚拟现实(VR)是指计算机生成的环境,可以模拟人、物体的物理存在以及现实的感官体验。在基础层面上,这种技术采用3D图像的形式,用户可通过鼠标和键盘进行交互与操纵,甚至是通过手势和触觉设备更真实地"感觉"所显示的物体。随着图形硬件、CAD软件和头戴式3D显示器的出现,VR越来越受到人们欢迎,尤其是在视频游戏中。在基础教育领域,VR意义重大,由于游戏和自然用户界面都是在课堂上寻找应用程序,故VR可使学习模拟更加真实。

3.在未来4—5年里"人工智能"和"物联网"期望得到较大发展

(1)人工智能:人工智能允许计算机模拟人类知觉、学习和决策的知识工程,其基础是获取各种信息集之间的类别、属性和关系。神经网络是人工智能研究的一个重要领域,能够通过语音识别和自然语言处理使得用户界面更加自然,从而实现一种类似于人与人之间互动的人机互动效果。在基础教育领域,随着底层技术的不断发展,人工智能可望通过更直观地回应学生并与其互动,从而改进在线学习、自适应学习软件和模拟过程。

（2）物联网：物联网能够通过可以利用网络传输信息的处理器或嵌入式传感器，将具有计算能力的物体连接起来。这些连接允许远程管理、状态监视、追踪和警报。物联网可能会帮助学校降低成本，更有效地利用学生数据，并为学生提供相关工具，从而帮助他们想出新的解决方案以应对现实世界中的问题。地方政府和学校正应用物联网的功能，如连接的设备可生成学生学习和活动的数据，从而传达课堂教学和学校计划的方向。随着越来越多的智能设备应用到学校，学校也正在检测其对隐私和安全性的影响。

四、《地平线报告》对我国基础教育的启示

《地平线报告》着眼于未来5年内基础教育机构具有广阔前景的发展趋势和领域，其核心内容是新兴技术的开发和应用对基础教育机构发展进程的影

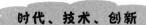

响,基于《地平线报告》的体例、内容对国内基础教育机构发展现状进行重新审视,不仅是解读《地平线报告》的应有之义,更是未来基础教育机构能否积极应对技术创新挑战、实现转型突破的有效途径,对于破解国内基础教育机构存在的战略科学性不强、综合研究与分析能力欠缺、教师职业能力培养专业性不够、教师对新技术运用的理解和认知不足等问题,具有较强借鉴意义。

1.积极而审慎地采用新兴技术

信息时代和新媒体环境下,要辩证地理解和评价《地平线报告》对基础教育领域的影响和价值,在充分肯定《地平线报告》对新兴技术的预测具备较强前瞻性、较高命中率和可信度的同时,不应盲信和照搬《地平线报告》,将其作为未来我国基础教育技术发展的风向标。对于《地平线报告》中提及的发展较为成熟并短时间内可能广泛采用的技术,我们可以结合我国基础教育技术进展实况,并借鉴国外先进经验的基础上逐步尝试实施。首先,《地平线报告》提及的创客空间旨在吸引全年龄段学生,通过利用3D打印、3D建模、机器人技术等新兴技术,将学习者吸引到实验、迭代等创造性活动中来,调动主观能动性培育其创新素养。其次,对于学习分析技术,需要教师具备一定的数据工具的使用和分析技能,包括数据素养、计算思维和编码能力等,通过数据挖掘深度解析学习者真实需求,促进个性化学习。这两项新兴的教育技术很有可能在短时间内迅速发展,有利推动教师在教学方法和教学模式上的变革,从而促进我国基础教育的发展,希望有条件的学校和教育机构对这两项新兴的技术展开学术研究和实践应用;而对《地平线报告》中未来采纳度较低的新兴技术,如虚拟现实技术,特别是未来4—5年内可能采纳的新兴技术,应持谨慎态度,如果有条件可以进行小范围试点,在具备一定实践经验并取得较好效果时,再适当推广,有效降低和规避学校因大范围盲目跟风可能造成的教育风险。

2.反思重塑教师角色,促进教师职业发展

在我国教育信息化进程中,教师职业的可持续发展一直是教育界持续关注的重点议题。有调研表明,我国教师实践能力方面存在缺乏新技术的应用能力、缺乏相应的政策制度支持和家长支持、缺乏学习培训机会、自身理念转换和实践动力不足等问题。如何反思和重塑自身教师角色定位和促进教师职业的可持续发展,以应对不断加快的教育信息化进程,我们可以尝试以下几种方式:

第一,反思和重塑教师角色,克服自身惰性,转变教学理念。教师应积极利用丰富的在线教育工具和课程资源,开展基于新兴教育技术的教学实验,推动STEAM学习运动,构建智能化教学环境。

　　第二,教师应将数字素养纳入个人提升专业能力的整体规划中,制定相关的学习计划和任务目标,以提高其数字媒介素养的实践能力。在此过程中,需要师生合作推动教与学创新,使教师拥有开展教育技术实践的指导和支持能力。

　　第三,教师和家长群体应注重更新固有观念,充分利用 QQ、微博、微信等微平台,创建和发展家校联系群、年级组讨论群、教师专题交流群、互动研修群等多元化社群团体,提供专题推送服务,维系和凝固家长和教师、家长和学校、教师和教师、教师和学校之间的纽带关系。

　　3.积极探索自适应学习技术

　　在我国,学习分析和自适应学习技术也逐渐得到各大教育机构的关注和重视,有些教育机构已经开展跨机构研究合作。如北京师范大学和拉里奥哈国际大学联合开展项目 PERFORM,开发自适应学习软件,并根据学习者数据提供个性化建议。由于研究起步晚,技术应用存在对网络学习者情感支持的研究欠缺、自适应学习技术实践应用少等问题。教师应清除自适应学习技术应用的障碍,有效采用新技术。通过慕课等方式积极参与学习新技术,并进行相关的尝试,以适应未来的教育转型。在实践过程中要注重兼顾学生隐私,切勿引起反效果,教师应秉持个性化目标,为学习者提供更精准、更智能的个性化学习服务。

　　4.推动移动学习应用

　　目前,国内移动学习研究和实践正逐步展开,如南通大学开设为期两周的摄影技术移动学习课程,利用微信鼓励学生探讨及解决问题。移动学习的发展仍然受到经济、技术、政策环境等因素的制约,存在移动学习资源匮乏等问题,我们可以通过以下方式进行尝试:

　　第一,整合移动技术纳入课程体系,充分运用 iPad、智能手机等自带设备,基于微信公众号、学习 APP 等平台,创建丰富的移动学习内容。英国联合信息系统委员会提供大量有关移动学习的指南,包括教学体系调查、案例研究等内容,教师可以尝试着参照其中的内容进行实践。

　　第二,提高学习者移动学习体验,推进移动学习技术在自我调节学习、合作学习等多种学习情景中的应用。移动学习受技术因素制约,其广泛应用很大程度取决于学习者对移动技术和相关教育 APP 的熟悉度和满意度,因此,教师在进行相关的教学活动之前,应搜索最适合学生的教育 APP 软件,保证学生学习的趣味性,从而更容易提升学习效果。

 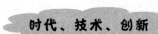

第三,制定一套行之有效的移动学习评价方法,使移动学习效果拥有可测评的标准,提高教育机构对移动学习的接纳度,促进"互联网＋"下基础教育评价的多样性发展。

5. 积极探索物联网技术

物联网实现了人类技术手段从"虚拟"技术向"现实"技术的转变,这种技术在引起社会结构和社会生活的转变的同时,也影响了教育结构和教育生活的变革。物联网技术的发展为拓展教育疆域、重塑教育主体间关系、改变教育内容的呈现方式以及教育管理手段奠定了必要的物质基础。但是,物联网技术在重塑教育主体关系的同时也会带来新的主体性异化的风险。此外,技术的鸿沟和物质条件的限制以及信息安全方面的考量也在阻碍着物联网的发展,因此,其对教育变革的影响也存在着较大不确定性。物联网技术是当前国内外各领域应用的重点,它具有全面感知、可靠传递、智能处理等特征,给人们的生活、工作和学习带来了更智能、更便捷的变革。物联网基于传感器和电子标签两大主要技术,可以在课堂教学、课外学习和教育管理三个方面给教育提供支持,优化教育环境,丰富教学资源,改善学习方式,节省管理成本,提高管理效率;随着物联网的不断发展,其在教育中的应用也需要我们去挖掘和探索。

6. 促进人工智能技术应用

当前,数据、信息和知识正加速膨胀,与每个人的学习时间、认知能力的落差越来越大。大数据时代下复杂社会的生存,呼唤着人机结合的教育智能,我们借助智能设备而生存的时代已经到来。运用人机结合的思维方式,教育才能既实现大规模覆盖,又实现与个人能力相匹配的个性化发展。我们要利用外部工具或者智能设备发展自己的智慧,认知外包将成为常态。人机结合的思维体系是我们未来思维方式重要的转变方向。人的智力是有限的,加上手机、电脑、人工智能后,我们能处理信息和数据的总量,应对突发事件的能力将会大幅度提高。人与电脑的结合可以突破人类个体认知的极限,使得我们能够驾驭超越个体认知极限的复杂情境,能够处理超越个人认知能力的海量信息,能够应对超越个体认知能力极限快速的变化。因此,对于我们来说,学习并适应最新的、最智能的技术将是我们最迫切需要解决的难题。

新兴技术的飞速发展推动着基础教育的变革与发展,《地平线报告》阐述了基础教育未来几年采用新技术的趋势、采用新技术过程中所面临的挑战,新技术应用的重要发展将对基础教育的发展、变革和创新产生深远影响。当前,基础教育事业发展中面临着各类技术创新挑战,教师应从新技术的"近期采用技术""中期采用技术"和"远期采用技术"着手,积极应对挑战,积极而审慎对待新兴技术,优化技术应用方案,科学规划,寻找实现转型突破的有效途径,促进我国基础教育事业健康有序发展。

第二节　新技术视阈下未来教育

以互联网破解长期制约教育发展的难题,促进教育创新与变革,是我国加快从教育大国向教育强国迈进、提升国际竞争力的重要战略选择。互联网不仅仅能够为教育战略目标的落实提供高效率的工具,信息技术的普及和渗透还会改变重大教育战略实施的生态环境,对教育战略目标的落实提供变革性思路和挑战。

一、"互联网 + "变革教育的基础

互联网对我们认知这个世界的思维方式产生了意义深远的影响。面对互联网时代越来越海量的信息,越来越快的生活节奏,越来越大的复杂性和不确定性,仅靠个体头脑去认识这个世界、适应这个世界已经不可能了,信息爆炸、知识爆炸对人脑的信息处理提出巨大挑战。互联网可以极大地扩张人脑处理数据的容量与速度,通过人机协同,使得人的大脑与智能技术开展"思考"合作,互联网真正成为人类实现认知水平飞跃提升的关键途径。互联网与人脑的协同会改变人的基本认知方式,使得人的"内脑"与"外脑"联合行动,从而具备人机合一的思维特征。在这个数据世界里,人与人的关系将得益于人与技术的共同进化;互联网将不仅改变人类社会的经济形态,更将从深远意义上改变人类对自身存在的认识。人机结合会逐渐成为现代人认识世界的基本方式,如果不能学会人与电脑的协同思维,将无法应对信息化时代工作和生活的复杂性,会被社会淘汰到边缘位置。

21 世纪以后出生的一代被喻为信息时代的原住民,互联网和大数据影响着他们适应世界、认知世界的思维方式。面对新技术,他们能够展现出极强的适应力和投入感,在认知方式和信息加工能力方面也具有顺应信息时代发展的先天优势。认知是构建教育这座大厦的基础,人类认知方式要裂变,必然会导致教育的系统性革新。就像一座楼的地基发生了根本形态的改变,在这个基础上建立的大厦,一定会发生结构性改变,而不是小修小补的改变。相比于以往的学习者而言,如今的学生表现出很大的差异,学生的个性特征是教育开展的前

提与基础,因此教育必然要适应新时代的学生成长所呈现出的新特征、新规律。在教育领域,技术绝不仅仅是用于完成现有教育的模式和方法,而是要推动教育作为一种人类活动发生系统性变革,正如美国国家教育技术计划强调的"需要进行由技术支持的重大结构性变革(Fundamental Structural Changes),需要重新设计各级教育系统的工作流程和体系结构,而不是进化式的修修补补"。互联网的革新必然要对教育思想、教育模式、教育方法、教育组织体系等都产生意义深远的颠覆性影响,只有这样才能促进教育在更高层次上满足人的成长和发展需求。

文化、经济、技术等重要社会部门的发展水平会直接影响学校教育的具体形态。工业革命的成功使标准化生产、规模化复制、效益管理等运作范式为现代学校的结构设计提供基本逻辑。现代学校遵循两个相同的假设,即必须要将学生集中在一个叫学校的地方让他们学习相同的时间;在学校里采用基于年龄、基于学科的统一学习组织,对同一学习内容采用相同的教学方式。以这两种假设为前提,世界范围内的学校教育样貌基本是一个模子,发展路径也雷同。作为后发工业国家,中国现代学校教育的发展也不例外。在"互联网+"时代,工业时代学校赖以建立的基本假设正在受到挑战,互联网所具有的实时多媒体通信功能,完全有可能打破学习组织的地域限制,使未来的学校呈现出新的组织形态。互联网与教育领域的跨界融合,将改变学校基本的业务流程和组织形态,推动出现一些从根本上进行重新设计的学校,学校会根据学生的能力而非年龄、学习时间或者是其他因素来组织学习。以互联网为代表的新一代信息技术学校在各种主流业务中扩散与应用,将实现信息共享、数据融合、业务协同、智能服务,推动教育服务业态转型升级,推动整个学校的运作流程发生变化,创造出新的教学方式、教育模式和教育服务业务,构建出灵活、开放、终身的个性化教育的新生态体系。

二、未来教育的四大趋势

互联网为教育重大结构性变革提供了新的可能,互联网提供云网端一体化的数字化基础设施,可以使学习无处不在。互联网汇聚的数据和信息资源将成为学校最核心的资产,通过采集和挖掘学习过程的数据,可以精确了解个性化学习需求。互联网提供的实时协同通信网络、大规模的社会化协同,可以为学习者提供更好的知识和反馈。互联网提供的虚实融合的生成空间以及线上线下融合的产业形态,可以提供双重教育服务的供给。当互联网成为教学环境、学习环境、学校的基本组织部分以后，一定会变革学校的运行模式、运行法则、运行规则，重组学校的结构和形态。在这个重组过程中将会有四个重要的趋势：

第一，未来教育的供给方式会越来越个性化。

未来教育有三个核心的关键词，即个性化、适应性和选择性。未来的教育可以精准了解学习者的认知结构、能力结构以及情感特征，从而呈现出最适合学习者特征的知识与内容、策略与方法。同时，学校会把网络教育融入其中，为学习者提供更多选择，支持学生选择适合自己个性的教育方式。

通过互联网可以采集学习者全样本、全过程的数据，汇聚全体学生产生的海量数据，教育大数据时代已经到来。传统数据的目的在于凸显群体水平，而教育大数据的目的在于关注每一个个体（学生）的微观表现和特征。教育大数据主要来源于过程性、即时性的行为和现象记录，可以分析微观、个体的学生特征，发现共性背后的个性。以前的数据是侧面的，是一个个时间截面的数据，只代表人的某一时间段、某一方面。而教育大数据可以发现学生各方面的个性，侧重于关注学生的变化成长，可以给出学习者的学习路径、能力发展轨迹，还可以精确地揭示学习者的知识结构、能力结构、情感结构以及体质健康结构。基于教育大数据建立促进个性发展的教育体系，是未来学校发展的基本趋势。未来在对学生进行完备的学习数据记录和分析的基础上、在精确了解每个学生个性特征的基础上，可以建立线上线下融合、个性化、选择性的精准教学空间，可以精准推荐权威的知识、学习数据、学习内容和学习活动以及领域专家，开展面向学习过程的评价，增加学习的适应性与可供选择性。

"互联网＋"既可以保留传统教育所具有的大规模班级的结构特点，同时又能够实现我们现在要求的个性化，既能够实现"每个人都有"的公平，又能够实现"跟每个人能力相匹配"的高质量的服务。学校将成为教育大数据生态系统的基石，班级、实验室、课本和课程将是最重要的数据平台。学校将会连接各种孤岛式的系统，在教育业务流程中形成无缝的数据流，通过打破不同终端、不同网络、不同设备、不同系统之间的技术壁垒，从网络互联到应用互联，实现透明的协同计算。同时，将各种系统融入主流业务，贯通信息流，在业务流转中既使用数据又生产数据，这将会是学校未来教育信息化的重点。

第二，未来教育的服务会越来越社会化。

基于移动通信技术与互联网技术的实时通信网络能够实现大规模的社会化协同工作，即时实现各种人力和物力学习资源的汇聚和配置，为教与学提供

了新的分工形态。这种社会化协同的新型分工形态,既能够使不同学习者获得及时的支持与评价反馈,又可以兼顾儿童发展的多样性,通过个性化学习,最终实现每个儿童获得公平的教育;同时,社会化协同工作又有利于教师工作的更专业化分工,缩短教师个体劳动时间,提升教师工作效率。未来,社会化协同合作在整个教育系统中的作用将日益凸显,尤其是随着慕课、翻转课堂等教学形式的出现,不同学科、不同学段的教师可以协同共建一门课程;处在不同国家、不同区域的教师可以开展基于网络平台的协同备课、上课与教研。

技术可以实现部分教育服务数字化,使其具有通过互联网提供服务的可能。互联网将打破传统以学校为主体封闭的供给体系,打破学校组织服务的边界,越来越多的学校内部服务被外包,呈现出基于互联网提供多元教育服务供给的新协作架构。"互联网 + 教育"的跨界融合将促进整个教育体系核心要素的重组与重构,学习消费者、内容提供者、教学服务者、资金提供者、考试提供者和证书提供者等都有可能来自社会机构,专业化的公益组织、专门的科研院所、互联网教育企业等社会机构将成为优质教育供给的重要来源。例如慕课,实现了优质教育服务的校外供给,它之所以受到广泛认同,不在于它的技术创新,而是教育技术发展到一定阶段后,导致的一种生产关系创新,它不仅仅是教育资源的开放,而是一种教学服务的开放,实现了教育服务的社会化供给。它的出现使人们能够根据自己的兴趣、爱好、价值观、文化传统等进行适合自己个性发展的学习,开创了新的教育供给方式,使得学校获得外部优质教育服务(而非仅仅是资源)供给成为可能,破除了教育垄断,增加了教育的选择性,推动了教育的民主化。学校的围墙正在被打破,学校开放是大势所趋。"互联网 +"时代开放教育的体系正在形成之中,会涌现越来越多来自于专业性社会机构所供给的优质教育服务源。未来的教育,学生和家长完全可以组合来自学校或互联网的教育服务,设计个性化的学习课程与活动,以反映儿童的个性、兴趣、家长的目标与价值观。或许未来学校的形态是一种自组织的,在精确了解学生学习数据的前提下,学生完全可以跨越学校边界,自组织自己的学习服务。

第三,未来教育的业态会是虚实融合的。

新一代移动网络、普适计算、云计算技术可提供无所不在的网络与无所不在的计算空间。未来的人类社会、信息空间、物理空间将相互融会贯通,相互交织在一起,形成虚实融合的智能社会空间。在这个空间中,实体世界由原子构成,虚拟世界由比特构成。原子和比特有着本质的不同。原子构成的世界"物以稀为贵","你"占有、消耗的东西就不能再属于"我"了。而虚拟空间中,数据和信息则是被分享的次数越多价值越高。这种原子与比特交织在一起的融合空间,将会出现新的社会规律,出现适应新的社会规律的新型业态。

"互联网＋教育"的跨界融合就衍生了全新的线上线下融合的教学服务业态,提供虚实结合的跨界教育服务,实现线上线下融合的双重教育服务供给,带来全新特征的育人空间。人际交往、个性养成、体质健康等问题解决,需要实体、实在的空间,而知识的讲解、传播、分享等,在虚拟空间中可以与实体空间做得一样好,或者做得更好,更有针对性。线上线下融合带来大量传统教育无法提供的新形态教育服务,例如自动批改、人工智能解题、社交化学习、学习成果动态、即时反馈、在线辅导、在线答疑等,一本书、一纸教案的时代已经一去不复返了。比如美国佐治亚理工大学,用 IBM 的 Watson 机器人代替助教,为学生授课5个月,学生有什么疑问都可以问这个机器人,其间没有任何学生发现使用困难或者效果欠佳等问题。今后,人工智能教师可能会比我们很多教师强,未来的教育服务业态将打破学校、班级建制,学校的育人空间不仅仅是实体的校园空间,网络上的虚拟空间将在教育中起到越来越重要的作用,教师不仅属于学校,也属于社会,还属于网络,学生学习不仅在课堂,还在家里,在路上,也在网络上。虚实融合的育人空间中,知识将越来越具有社会性,知识不是静态的实在,知识更具有流动性、情境性、社会性的特点,知识的扩散模型不再是教师通过教材作为中介的单点对多点的传播,而是群体之间、多点对多点的互动、改进和建构,更多体现出知识建构、知识连接的特点。通过知识连接形成社会认知网络,不仅仅是教学的手段,更是一种目标。我们的教学范式要从促进知识传递到促进学习者知识建构、知识连接转型。虚实融合的育人空间中,学习内容的来源、学习方式发生了根本性变革,每个人既是知识的生产者,也是知识的消费者。学校和教育机构不再是封闭的社会单元,而是通过网络汇聚形成集体智慧聚变的节点,是一个充满活力、人性化和高度社会化的地方;不再是静态知识的仓库,而是开放的、流动的、社会性的、连接的智慧认知网络与个性化发展的空间。这种虚实跨界融合的生态环境,不是一个割裂的学习空间,而是通过网络连接全球性社会、连接学生日常生活经验与未来生活,学习也不仅仅发生在教室和学校,而是终身的、全面的、按需获得的。

第四,未来教育的形态将是泛在的、终身的。

随着无所不在的计算技术(Ubiquitous Computing)及移动通信技术的发展成熟,人们开始考虑用"U"(Ubiquitous,意指"无所不在的")取代原先的"E"(Electronic,意指"电子化、数字化"),描述21世纪"无所不在的"信息社会。从

"E"到"U"看上去只是一个名词的改动,却蕴含了理念、目标、路径乃至整个战略框架的深刻转变。

未来的教育,互联网与教育深度融合,改变了传统教学的组织方式,学习已经不限于学校,突破了时空界限和教育群体的限制,人人、时时、处处可学。学习将无处不在,"泛在学习"(Ubiquitous Learning)的时代即将到来,任何人(Anyone)、任何地点(Anywhere)、任何时刻(Anytime)使用任何设备(Any Device)可以获得所需要的任何信息和知识(Anythings)。泛在学习是嵌入性学习(Embed Learning),学习融合于工作、生活和网络之中,成为一体,学习无处、无时不在,我们已无法觉察到学习的存在。这是一种正式学习与非正式学习相联结、个人学习与社群学习相融合、课堂学习与网络学习优势互补的融合学习形态。泛在学习是正式学习和非正式学习的连续统一体,是跨越情境边界、跨越时间和地点的学习,能够满足学习者"时时学、处处学"的诉求。既具有正式学习的特征,能够很好地支持学校的学历教育和参加工作后的继续教育;又具有非正式特性,是在工作、生活或社交等非正式学习时间和地点联结或内化知识的学习形式。泛在学习是因时、因地、随需而发生的,使人们获得很多能够立即应用到实践当中的知识和技能。它是一个适量学习的过程,是一种自我导向的过程,在学习者最需要的时候为他们提供知识信息,而不论他们处在什么样的场所。学习将是"我需要什么,就能获得什么",而且是以最合适的组织方式、表现方式、服务方式获得,是一种按需学习。泛在学习是一种生活形态,是终身的、全面的。学习是实现人的精神世界提升、享受尊严生活、实现可持续发展的核心途径。学习是一种生活形态,而非仅仅是为未来生活的准备,学习可以提升社会群体的精神幸福,具有社会精神生产特征。互联网时代的发展日新月异,学习能力的养成是适应快速变化的关键,终身学习显得越来越重要,未来教育将是更加可持续的教育。

三、未来教育的变革之路

"互联网+"推动了社会发展,同样给教育带来新的可能。教育的生产关系正在发生改变,在这一演进过程中要推进技术支持的重大结构性变革,这种结构性变革不仅是从技术出发,更是要通过技术改变教学环境、教学范式、学习方式、课程,改变学校的评价技术、教育管理、教师教育,改变学校组织。

第一,教师转型。无处不在的电脑和终端技术倒逼教师的教学行为发生改变、教学发生转型。教师要进行"角色转变",学科教师仅停留在学科知识上已经不能满足学生需求。教师要从知识的讲授者变成学习过程的设计者，从面向内容的设计变成面向学习过程的设计，从讲课变成设计学习活动，从重视学习内容设计、资源设计变成重视活动设计。整个转型的趋势就是教师要精心设计问题、资源、学习工具、学习活动，让学生在一步一步解决问题的过程中，达成对知识的深刻理解，同时有更多机会表达、动手以及解决问题。教育范式要发生改变，要从"教师教什么"转变为"学生学什么"；教师要从知识传授者变成符合学生个人特质的知识提供者及辅助者；学生由被动接受知识转为以主动、积极的态度进行自主性学习。并且，教师要从学科教学、学生学习、学科作业和考试评价等方面做出调整，善于发现真正喜欢和擅长某个学科的学生，保护和支持学生的自主学习，设计个性化作业、开放性试题和答案，善于激发学生探究和主动学习的欲望，真正发现、培养学生个性。

第二，课程转型。在线课程将成为学校日常教学的常规设置，课程越来越多地体现为线上线下融合。大规模开放课程将融入学校教育，成为学校的常规和常态设置。课程实施在发生变化，学生不是为了未来生活而学习，而是在学习中体验和经历生活，学习是一种非常宝贵的生活形态。学生的学习活动不限于教室内的聆听，可以接触到真实的社区，接触蕴含知识的真实活动，学习活动将被极大地丰富，学习是发现知识的真实过程。基于问题、基于项目、基于设计等新形态的学习，将实现知识的情境化和社会化运用，让学生进入真实的学习空间并拥有真实的生活体验。信息技术作为中介，一方面可以把知识情境化，通过情境化问题的解决促进学生对书本知识的理解；另一方面也可以把外部环境变成一个可以探究的学习环境，释放和强化外部环境的教育意义。

第三，管理转型。教育大数据服务平台可以为教育的科学决策提供数据支持；各种安全预警系统可以实时监控教育运行情况，提高安全管理的水平；远程通信系统可以实现全方位、随时的远程监督和指导；各种可视化平台可以提升自动化管理水平，降低管理成本。整体管理趋势要从基于经验的决策转到基于数据的智慧科学决策。

第四，评价转型。未来的教育评价将更多地借助技术来测量学习过程相关的内容，并通过获得的数据持续改善各级教育系统。今后，学生完全可以做个性化的作业，降低考试和作业总量，提升考试和作业的针对性。教学评价要从"经验主义"走向"数据主义"；要建立科学的评估模型，持续跟踪记录；要利用技术收集、判断学生已掌握的知识和技能；要进行诊断性评价；学习系统掌握更多关于学习者能力和水平的信息，为其提供越来越个性化的支持；实现基于网

络的多元化评价主体的评价。

第五，学校转型。很多人认为互联网教育可以取代学校教育，但事实不应如此，"互联网＋"会对教育的环境、教学、学习、课程、管理、评价、学校组织形态、教师专业发展等主流业务形态产生影响，但不会取代学校教育。真正成功的"互联网＋教育"，一定是学校教育的新形态，而不是完全否定和抛弃学校教育。互联网不可能替代学校，但可以改变学校的基因，也就是学校运转的基本法则，它是学校教育的"转基因工程"。互联网要找到进入传统教育的节点，与它产生联系，产生连接，一步一个脚印地改变流程、改变规则、改变关系。不断创新和涌现出变革理论、关键技术、装备等，推进由技术支持的重大结构性变革，这些变革一定要进入教育主阵地，因为将会变革教育流程，改变教育生产关系，实现信息时代的新教育。而这种新的教育是适应个性发展的教育，是灵活、开放、终身的个性化教育，这是未来教育发展的基本趋势，是真正意义上的"互联网＋"时代的未来教育。

广大中小学生，是祖国的未来，民族的希望，家庭的期盼。让"互联网＋教育"托起未来和希望。通过"互联网＋教育"，助力国家通过现代科技手段，实现优质教育资源的共享，从而实现教育公平。大力发展智慧教育，充分发挥网络的积极影响，增强孩子驾驭网络和通过网络进行学习和交流的能力，教育他们逐步掌握从网络获取、传递、加工和处理各种有益信息的能力，从网络上获取新知识，不断增强孩子的自尊心、自信心和竞争力，充分调动孩子学习的积极性、自觉性和主动性，互相交流学习和方法，提高学习质量和效果，以达到学习和教育的目的，真正让网络为我们的孩子所用，促进中小学生健康茁壮地成长，全面培养祖国未来的建设者和接班人。

文 献 引 用

[1]"互联网+"终成国家意志[J/oL]. http://www. cctime. com/html/2015 –03 –09/201539176211196. htm,2016 –08 –09.

[2]李克强."互联网+"未知远大于已知,未来空间无限[J/OL]. http// www. gov. cn/guowuyuan/2015 –04 –23/content_2852083. htm,2016 –08 –09.

[3]马化腾.关于以"互联网+"为驱动,推进我国经济社会创新发展的建议. 2015 –03 –15.

[4]阿里研究院,《互联网+研究报告》.

[5]李宏彦谈互联网与传统产业结合:化腐朽为神奇. 中国新闻网,2015 – 03 –11.

[6]让雷军告诉你:"互联网+"加的是什么. 湖北网络广播电视台,2015 – 03 –14.

[7]百度百科:教育信息化概念溯源. https://baike. baidu. com/item/%E6% 95%99 E8% 82% B2% E4% BF% A1% E6% 81% AF% E5% 8C% 96/808779? fr = aladdin.

[8]南国农,教育信息化建设的几个理论和实际问题(上)[J]. 电化教育研究,2002(11).

[9]刘德亮. 黎加厚博士谈教育信息化[J]. 中国电化教育,2002(1).

[10]李克东. 教育信息化与基础教育改革[J]. 广西教育,2004(17).

[11]陈小鹰,王建民. 教育信息化的发展与我们的任务[J]. 南京师大学报 (自然科学版),2002(S1).

[12]吕耀怀. 教育的信息化及其道德控制[J]. 教育与现代化,2004(1).

[13]杨晓宏,梁丽. 全面解读教育信息化[J]. 电化教育研究,2005(1).

[14]张建伟. 教育信息化的系统框架[J]. 电化教育研究,2003(1).

[15]中国教育新闻网. 未来的课堂,颠倒的教室. http://www. jyb. cn/ad/ news/201110/t20111010_456993. html.

[16]曾明星,蔡国民,姚小云.翻转课堂课前交互式教学模式研究[J].现代教育技术,2015(3).

[17]汪 琼,罗淑芳,江婧婧.翻转课堂本土化实践模式的文本分析[J].电化教育研究,2018(2).

[18]巴克教育研究所.项目学习教师指南——21世纪的中学教学法[M].北京:北京教育科学出版社,2007.

[19]刘景福,钟志贤.基于项目的学习(PBL)模式研究[J].外国教育研究,2002(11).

[20]任英杰,戴心来.网络环境下基于项目的协作学习探究[J].电化教育研究,2004(12).

[21]黄明燕,赵建华.项目学习研究综述——基于与学科教学融合的视角[J].远程教育杂志,2014(2).

[22]杨晓哲,任友群.数字化时代的 STEM 教育与创客教育[J].开放教育研究,2015(5).

[23]夏小刚.3D 打印课程《搬运机器人策略物的设计与制作》教学实践与反思[J].中小学信息技术教育,2017(8).

[24]李俊.虚拟现实技术在高中生物教学中的应用[J].中小学信息技术教育,2018(1).

[25]马伟豪,陈园园.数据分析在小学数学教学中的应用[J].中小学信息技术教育,2017(3).

[26]李波."互联网+"时代的小学科学"生命世界"教学变革[J].中小学信息技术教育,2017(12).

[27]王玲玲,冯 涛,钟小雅.大数据透视下的语文课堂问题设计研究[J].中小学信息技术教育,2017(11).

[28]方片收集|高效收集碎片化知识的神器. https://www.jianshu.com/p/0a254d89a6b5.

[29]水滴清单——用语音高效安排任务和提醒的极简 ToDo 待办事项应用. https://www.iplaysoft.com/shui-di-qing-dan.html.

[30]杨宗凯,杨浩,吴砥.论信息技术与当代教育的深度融合[J].教育研究,2014(3).

[31]《2017 地平线报告(基础教育版)》精选内容. http://www.360doc.com/content/17/1013/05/30898787_694494193.shtml.

[32]张坤颖.《新媒体联盟地平线报告:2017年基础教育版》对我国基础教育的启示[J].教师教育研究,2018(2).

[33]余胜泉."互联网＋"时代的未来教育[J].人民教育,2018(1).

[34]吕途.技术革新不断"互联网＋教育"未来趋向个性化[N].中国商报,2017(6).

[35]吴忭,胡梦华,胡艺龄.教师信息化专业发展研究主题与热点评述——基于2000—2017年国际期刊论文的共词分析[J].开放教育研究,2018(1).